NOSSAS SENHORAS DO BRASIL

AS PRINCIPAIS IGREJAS E REPRESENTAÇÕES DE MARIA

ALEXANDRA GONSALEZ

NOSSAS SENHORAS DO BRASIL

AS PRINCIPAIS IGREJAS E REPRESENTAÇÕES DE MARIA

SÃO PAULO, 2017
1ª EDIÇÃO

SUMÁRIO

Prefácio, de Patrícia Fox Machado 8

Apresentação 10

As 33 faces de Nossa Senhora no Brasil 12

Guia de turismo mariano: As devoções marianas nas 5 regiões do Brasil 48

Basílica de Nossa Senhora Aparecida 50

Região Centro-Oeste 54
Distrito Federal ✶ Brasília
Catedral Metropolitana Nossa Senhora Aparecida 56
Igrejinha Nossa Senhora de Fátima 58
Santuário Nossa Senhora de Fátima 60

Goiás ✶ Goiânia
Catedral Metropolitana Nossa Senhora Auxiliadora 62

Mato Grosso ✶ Cuiabá
Santuário Eucarístico Nossa Senhora do Bom Despacho 64
Igreja de Nossa Senhora do Rosário e São Benedito 66

Mato Grosso do Sul ✶ Campo Grande
Catedral Nossa Senhora da Abadia 68

Região Nordeste 70
Alagoas ✶ Maceió
Catedral Metropolitana Nossa Senhora dos Prazeres 72
Igreja Nossa Senhora do Rosário dos Pretos 74

Bahia ✻ Salvador
Igreja Basílica de Nossa Senhora da Conceição da Praia...................76
Igreja de Nossa Senhora do Rosário dos Pretos 78
Igreja da Imaculada Conceição da Mãe de Deus
(Santuário Irmã Dulce) 80

Ceará ✻ Fortaleza
Paróquia Nossa Senhora do Líbano......................................82
Igreja Nossa Senhora do Rosário 84

Maranhão ✻ São Luís
Catedral da Sé Nossa Senhora da Vitória................................86
Igreja Nossa Senhora do Carmo..88

Paraíba ✻ João Pessoa
Catedral Basílica de Nossa Senhora das Neves 90
Igreja de Nossa Senhora da Misericórdia..............................92
Igreja de Nossa Senhora do Carmo 94

Pernambuco ✻ Recife
Basílica e Convento de Nossa Senhora do Carmo 96
Igreja de Nossa Senhora da Conceição dos Militares.....................98
Igreja Madre de Deus..100

Piauí ✻ Teresina
Catedral Nossa Senhora das Dores.....................................102
Igreja Matriz de Nossa Senhora do Amparo 104

Rio Grande do Norte ✻ Natal
Igreja Matriz Nossa Senhora da Apresentação..................106
Catedral Metropolitana Nossa Senhora da Apresentação.............108

Sergipe ✻ Aracaju
Catedral Metropolitana Nossa Senhora da Conceição 110
Igreja e Convento da Ordem Terceira de Nossa Senhora
do Carmo (São Cristovão) 112

Região Norte 114
Acre ✻ Rio Branco
Catedral Nossa Senhora de Nazaré 116

Amapá ✻ Macapá
Igreja Nossa Senhora da Conceição 118

Amazonas ✻ Manaus
Catedral Metropolitana Nossa Senhora da Conceição 120
Santuário Nossa Senhora de Fátima 122

Pará ✻ Belém
Basílica de Nossa Senhora de Nazaré 124
Catedral Metropolitana Nossa Senhora das Graças 126
Igreja Nossa Senhora das Mercês 128

Rondônia ✻ Porto Velho
Santuário Nossa Senhora Aparecida 130

Roraima ✻ Boa Vista
Igreja Matriz Nossa Senhora do Carmo 132

Tocantins ✻ Palmas
Santuário Nossa Senhora de Fátima 134

Região Sudeste 136
Espírito Santo ✻ Vitória
Catedral Metropolitana Nossa Senhora da Vitória 138
Igreja Nossa Senhora do Rosário 140

Minas Gerais ✻ Belo Horizonte
Basílica Nossa Senhora de Lourdes 142
Igreja Nossa Senhora da Boa Viagem 144
Igreja Nossa Senhora do Carmo 146
Santuário Nossa Senhora da Piedade (Caeté) 148

Rio de Janeiro �ྜ Rio de Janeiro
Igreja Nossa Senhora da Candelária..150
Igreja da Ordem Terceira de Nossa Senhora
do Monte do Carmo 152
Igreja de Nossa Senhora da Glória do Outeiro 154

São Paulo ✶ São Paulo
Catedral Metropolitana Nossa Senhora Assunção e São Paulo (Sé).... 156
Igreja Nossa Senhora da Consolação 158
Igreja Nossa Senhora do Brasil...160
Santuário de Nossa Senhora de Schoenstatt (Atibaia) 162

Região Sul 164
Paraná ✶ Curitiba
Catedral Basílica Nossa Senhora da Luz dos Pinhais 166
Igreja de Nossa Senhora do Rosário de São Benedito 168

Rio Grande do Sul ✶ Porto Alegre
Catedral Metropolitana Nossa Senhora Madre de Deus 170
Igreja Nossa Senhora das Dores 172
Santuário Nossa Senhora Mãe de Deus 174

Santa Catarina ✶ Florianópolis
Catedral Metropolitana Nossa Senhora do Desterro........................176
Igreja Nossa Senhora da Lapa (Ribeirão da Ilha)..............................178

Referências bibliográficas 180

Agradecimentos 188

SENHORA DO CÉU E DA TERRA, VIRGEM E RAINHA, MULHER DO POVO E MÃE DE DEUS

Maria é a grande representação do Divino Feminino no Ocidente. Na América, todo o continente é dedicado a Nossa Senhora de Guadalupe. Porém, cada um dos países americanos possui sua própria padroeira, uma Maria que é a Mãe de cada povo. Uma Nossa Senhora que carrega seus traços identitários, nomeia cidades e montanhas e sintetiza todo um imaginário próprio de cada cultura. Ela tem muitas faces, ao mesmo tempo em que todas elas são Uma.

No Brasil, em especial, Nossa Senhora é parte do cotidiano e da essência de nosso povo. Ela está nos nomes das muitas mulheres chamadas Marias e de tantos Josés-Marias. Nas rezas sussurradas passadas de geração em geração e também nas melodias de nossa música e nos versos da poesia. Nossa Senhora está nos oratórios que fazem com que as entradas das casas se tornem lugares sagrados, assim como é o motivo de tantas peregrinações aos locais a Ela consagrados. Maria está presente na simplicidade das festas nas pequenas paróquias dos bairros e é a homenageada na maior procissão do planeta, o Círio de Nazaré. Ela é pequenina nas medalhinhas que adornam os peitos de mulheres, fortes como aquela mulher de Nazaré, mas também é a Grande Rainha nos altares das catedrais.

Contudo, é também o Grande Feminino que é maior do que os dogmas religiosos. Ela é parte das

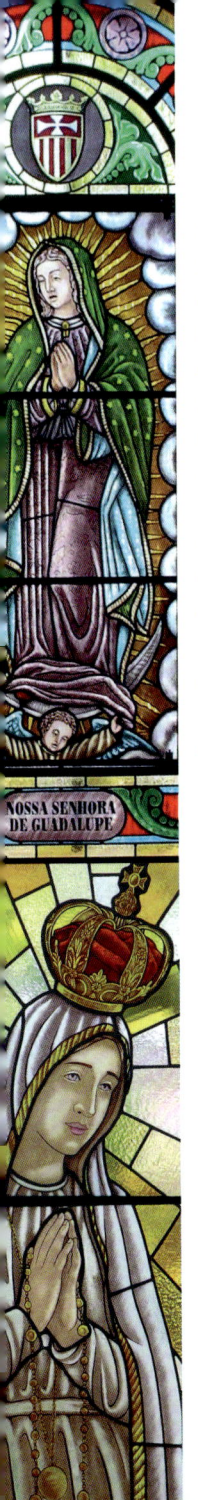

manifestações da espiritualidade popular que, de maneira muito natural, encontra em Nossa Senhora da Conceição a africana mamãe Oxum, ao mesmo tempo em que vê, em Iemanjá, a Nossa Senhora dos Navegantes portugueses. A cada 12 de outubro, dia de Nossa Senhora Aparecida, é feriado nacional no Brasil. O estado pode ser laico, mas a Alma do Brasil é mariana.

Herança das mulheres de minha família, a devoção a Nossa Senhora é parte de minha vida e sua imagem tornou-se foco de minha pesquisa acadêmica. Quando a jornalista Alexandra Gonsalez me convidou para escrever o prefácio deste livro, eu pensei: "este é mais um dos presentes que Nossa Senhora está me ofertando". E é para Ela que o escrevi com amor e gratidão.

Acredito que "Nossas Senhoras do Brasil" é um bem-vindo guia para aqueles que buscam conhecer mais sobre o mundo Daquela que é a grande orientadora de tantos corações brasileiros. As muitas igrejas e catedrais apresentadas nesta obra enfatizam a importância de Nossa Senhora para o nosso povo. Os locais de peregrinação são visitados por pessoas das mais diferentes classes sociais que, ao trilharem o caminho em direção a Nossa Senhora, tornam-se iguais. Lembram-se de que somos todos irmãos e irmãs na fé e na confiança nesta Mãe Divina que lhes dá tantas graças. E isso só reforça minha tese: Nossa Senhora é a Reintegradora dos mundos.

Patricia Fox Machado
Filósofa, estudiosa da Espiritualidade Feminina e doutoranda em Comunicação Social pela UMESP. Sua pesquisa envolve o estudo da devoção popular em torno da figura de Nossa Senhora, sua influência na construção do imaginário e das identidades das mulheres.

UM GUIA DE FÉ E TURISMO

Durante muito tempo meu trabalho como jornalista me levou a visitar quase todas as igrejas descritas neste livro. Tive o privilégio de documentar dezenas de celebrações relacionadas à devoção católica no Brasil. Desde criança estes santuários me fascinam.

Uma das minhas primeiras recordações são das igrejas de Salvador, na Bahia. Lembro da grandiosidade dos adornos cobertos de ouro, do cheiro do incenso e do som dos sinos chamando para a missa no Pelourinho. Também me recordo de naves lotadas de fiéis de todas as cores e origens em seu momento de falar com Deus. Outra memória de afeto me leva à singela Igreja Nossa Senhora das Mercês, na Vila das Mercês, em São Paulo, bairro onde cresci. Dos padres mercedários de minha infância recebi os primeiros ensinamentos religiosos, bem como a respeitar pessoas de qualquer credo.

Anos mais tarde, ao viajar pelo país, percebi que cada região guarda em suas igrejas um pedaço da nossa memória coletiva como brasileiros. E traduz nas pinturas, imagens, relíquias e vitrais maneiras distintas do povo se conectar com o sagrado. Templos nos quais Maria tem seu lugar de destaque como Mãe de todos nós em suas diversas manifestações. Por isso, dedico este livro guia de fé e turismo aos devotos de Nossa Senhora Aparecida em seu Jubileu de 300 anos. E também às pessoas de todas as religiões que conseguem admirar a beleza da arquitetura e das histórias presentes nas igrejas católicas. Marcas de uma nação multicultural e aberta ao convívio respeitoso entre religiosidades que pregam o bem e o amor.

Alexandra Gonsalez

OS 33 NOMES DE MARIA

Aparecida, Fátima, Carmo, Glória, Lourdes – estas são apenas algumas das mais de 130 invocações de Nossa Senhora no Brasil, entre as cerca de 2 mil reconhecidas pelo Vaticano. Neste livro, contemplamos parte das devoções marianas mais queridas no país, que incluem também Piedade, Dores e Conceição, entre tantas. Outros títulos de Maria, bastante amados pelos brasileiros, não estão presentes – mas apresentamos titulações ainda pouco conhecidas, ou restritas a certas regiões, como Nossa Senhora do Líbano, das Neves e Schoenstatt. O motivo é simples: a pesquisa para esta publicação começou com a busca pelos templos dedicados a Nossa Senhora que fossem os mais representativos nos 26 estados brasileiros. Levamos em conta, além da devoção religiosa, as características culturais de cada parte do país, como as festas populares e romarias, além da importância história e arquitetônica de muitos dos santuários, referências em seus respectivos estados. Somente com a pesquisa das igrejas concluídas, chegamos aos 33 nomes de Maria aqui homenageados em 59 igrejas.

Por uma feliz coincidência, na liturgia católica o número 33 tem vários significados sagrados. É encontrado muitas vezes na Bíblia e em outros escritos. Uma das lendas mais recorrentes a respeito do numeral afirma que Jesus Cristo tinha 33 anos quando foi crucificado e depois ressuscitou.

Esperamos que as histórias marianas aqui descritas possam inspirar, acolher, confortar e despertar a vontade de conhecer esses santuários dedicados a Nossa Senhora em todo o Brasil. E que estimulem você, leitor, a encontrar seus próprios refúgios de fé, acolhimento e fruição história e cultural.

Ótima leitura a todos.

LIGIA GUIMARÃES

NOSSA SENHORA APARECIDA

CELEBRAÇÃO: **12 de outubro**

A história da Padroeira do Brasil tem inspirado a fé dos brasileiros desde outubro de 1717, quando os pescadores João Alves, Felipe Pedroso e Domingos Garcia retiraram do rio Paraíba uma pequena estátua de Nossa Senhora da Conceição, esculpida em terracota.

Conta a tradição que os pescadores foram encarregados de conseguir alimento para um banquete em homenagem ao governador da Província de São Paulo e Minas Gerais. Desanimados com a pesca fraca, os três puxaram as redes das águas escuras do Paraíba e ficaram surpresos ao "pescar" o corpo de uma imagem de Nossa Senhora e, logo em seguida, sua cabeça. Depois de colocar a santa dentro do barco, as redes se encheram de peixes.

As mulheres dos pescadores uniram com cera as partes quebradas da imagem e a colocaram em um pequeno altar. Aos finais de semana, a casa humilde de Felipe Pedroso era aberta para receber os vizinhos, que vinham para rezar. Neste momento, nascia a devoção à Nossa Senhora Aparecida. Entre 1717 e 1732, a santa peregrinou pela região e, no mesmo ano, Pedroso entregou a imagem a seu filho Atanásio, que construiu o primeiro oratório aberto ao público.

CURIOSIDADES

✳ A santa teria sido esculpida por volta de 1640, possivelmente pelo frei beneditino Agostinho de Jesus. Outra possibilidade da autoria é frei Agostinho da Piedade.

✳ A imagem original pode ser admirada na Nave Sul da igreja, no Nicho de Nossa Senhora Aparecida. O compartimento é protegido por vidro blindado.

ORAÇÃO

Ó Maria Santíssima, pelos méritos de Nosso Senhor Jesus Cristo, em vossa querida imagem de Aparecida, espalhais inúmeros benefícios sobre todo o Brasil. Eu, embora indigno de pertencer ao número de vossos filhos e filhas, mas cheio de desejo de participar dos benefícios de vossa misericórdia, prostrado a vossos pés, consagravos o meu entendimento, para que sempre pense no amor que mereceis; consagra-vos a minha língua para que sempre vos louve e propague a vossa devoção; consagro-vos o meu coração, para que, depois de Deus, vos ame sobre todas as coisas. Recebei-me, o Rainha incomparável, vós que o Cristo crucificado deu-nos por Mãe, no difoso número de vossos filhos e filhas; acolhei-me debaixo de vossa proteção; socorrei-me em todas as minhas necessidades, espirituais e temporais, sobretudo na hora de minha morte. Abençoai-me, o celestial cooperadora, e com vossa poderosa intercessão, fortalecei-me em minha fraqueza, a fim de que, servindo-vos fielmente nesta vida, possa louvar-vos, amai-vos e dar-vos graças no céu, por toda eternidade. Assim seja.

NOSSA SENHORA DA ABADIA

CELEBRAÇÃO: **15 de agosto**

A história de Nossa Senhora da Abadia está relacionada ao Convento de Santa Maria do Bouro, próximo à cidade de Braga, em Portugal. Por isso, ela também é conhecida como Santa Maria do Bouro. Segundo as tradições, a imagem de Maria pertencia ao Mosteiro das Montanhas, que existia na região em 883. Quando os árabes invadiram a Península Ibérica, os monges escaparam, levando consigo a imagem.

Duzentos anos depois, na época do conde Dom Henrique, um nobre viúvo chamado Pelágio Amado decide dedicar sua vida à oração e à penitência. Em Braga, ele encontra um velho ermitão na gruta de São Miguel e pede para ser seu aprendiz. Certa noite, Amado avista uma forte claridade vinda de um vale próximo e, ao amanhecer, mestre e discípulo vão verificar a origem da estranha luz.

Para surpresa de ambos, encontram entre as pedras uma imagem muito antiga de Nossa Senhora. O arcebispo de Braga teve notícia da descoberta e foi pessoalmente visitar os ermitãos, ordenando a construção de uma igreja para abrigar a Virgem. Com o tempo, o local se transformou em uma comunidade religiosa.

ORAÇÃO

Senhora, mãe de Deus,
que no cenáculo,
Após a ascensão
de Jesus ao céu,
presidistes as orações
suplicantes dos Apóstolos
para a vinda do
Divino Espírito Santo;
agora, que estais no paraíso
à frente dos coros dos anjos
e santos, presidi, também,
Senhora nossa rainha,
Toda a nossa vida,
orientando-nos
para a pátria celeste,
onde desejamos estar
Convosco cantando,
eternamente,
as glórias de Jesus.
Amém

CURIOSIDADES

✳ No Brasil, o culto à santa prosperou em Minas Gerais, na região do Triângulo Mineiro, partindo depois para Goiás.

✳ A iconografia revela a Virgem Maria de pé, com um longo manto que lhe cobre da cabeça aos pés. Na base, uma nuvem é sustentada por três cabeças de anjos.

NOSSA SENHORA DO AMPARO

CELEBRAÇÃO: **8 de setembro**

O culto a Nossa Senhora do Amparo é muito antigo e, segundo os estudiosos da Mariologia, remonta aos primeiros anos do Cristianismo, quando o próprio Jesus confiou à humanidade sua Mãe, para que ela os protegesse e amparasse.

Sua primeira representação é atribuída a Nicodemos, um ex-fariseu que após a ressurreição de Cristo aderiu à nova igreja. Diz a lenda que o apóstolo Lucas em pessoa pintou a escultura de Maria ao pé da cruz, simbolizando o momento em que recebeu a missão de ser mãe de todos. Ao evangelizar a Península Ibérica, o apóstolo Tiago Maior levou consigo a pintura para homenagear a Mãe de Deus.

Por isso, sua devoção se tornou bastante popular em Portugal, especialmente entre os marinheiros, que pediam proteção durante as longas e periogas viagens ultramarinas.

CURIOSIDADES

- **O culto atravessou o Atlântico e chegou ao Brasil com as primeiras caravelas portuguesas.**
- **Na cidade de Olinda, em Pernambuco, já existia um templo em sua homenagem no século 15.**

RUDGER REMÍDIO

ORAÇÃO

Ó dulcíssima Soberana do Amparo, bem sabemos que, miseráveis pecadores, não éramos dignos de vos possuir neste vale de lágrimas, mas sabemos também que a vossa grandeza não vos faz esquecer a nossa miséria e no meio de tanta glória, a vossa compaixão, longe de diminuir, aumenta cada vez mais para conosco Do alto do trono em que reinais sobre todos os Anjos e Santos, volvei para nós os vossos olhos misericordiosos! Vede a quantas tempestades e mil perigos estaremos, sem cessar, expostos, até o fim da nossa vida Pelos merecimentos da fé, da confiança e da santa perseverança na amizade de Deus, pedimos que possamos um dia ir beijar os vossos pés e unir as nossas vozes às dos Espíritos celestes, para vos louvar e cantar as vossas glórias eternamente no Céu. Nossa Senhora do Amparo, rogai por nós!

NOSSA SENHORA DA APRESENTAÇÃO

CELEBRAÇÃO: **21 de novembro**

Conforme era costume na antiga Judeia, 80 dias após o nascimento as meninas judias deveriam ser apresentadas por seus pais aos sacerdotes no templo. E assim aconteceu com Maria criança, em um dia 21 de novembro. A festa de apresentação de Nossa Senhora no templo é celebrada no oriente desde o século 7.

A tradição chegou à Europa apenas no século 16, na cidade de Avignon, ao Sul da França, que na época mantinha um palácio para residência dos papas – hoje um museu.

Desde então, esse episódio da vida de Maria começou a despertar interesse entre os cristãos, difundindo-se nas Américas também.

ORAÇÃO

Maria, Nossa Senhora da Apresentação, que ainda criança subistes ao Templo para vos consagrar inteiramente a Deus, praticando assim o ato do amor-entrega, o mais agradável ao Senhor; Seja-vos também agradável, a nossa homenagem, a nossa entrega ao vosso coração de Mãe. Consagrastes ao Senhor, ó Rainha do Céu, o vosso espírito e vosso coração, o vosso corpo e todo o vosso ser pelo sacrifício total, o mais generoso e desinteressado, pela mais solene imolação. Nós, aqui na Terra, nos unimos aos anjos que assistiram vossa oferta de amor que é como um sinal da entrega que todos devemos fazer ao Senhor. Por isso, cantamos as glórias da vossa apresentação. Amém

CURIOSIDADES

✳ Padroeira de Natal, Nossa Senhora da Apresentação tem grande devoção no Rio Grande do Norte.
✳ Conta-se que na caixa que abrigava a imagem que atualmente adorna a igreja potiguar estava escrito: "No ponto onde der este caixão não haverá nenhum perigo".

NOSSA SENHORA DA ASSUNÇÃO

CELEBRAÇÃO: **15 de agosto**

A Bíblia não menciona a assunção de Maria, mas o dogma católico diz que a mãe de Jesus foi levada para o céu de corpo e alma. Entretanto, desde o século 6 há registros, em Jerusalém, da festa da Dormição de Nossa Senhora. No Ocidente, a partir do século 7, celebrava-se em Roma a mesma comemoração, que se difundiu para o restante da Europa.

Em Portugal, seu culto foi propagado após a Batalha de Aljubarrota, contra os castelhanos, no distrito de Leiria, no dia 14 de agosto de 1385. O rei português Dom João I precisava enfrentar o poderoso exército inimigo e momentos antes da luta pediu auxílio a Nossa Senhora da Assunção, prometendo construir um grande templo em sua honra se saísse vencedor, o que de fato aconteceu.

As baixas portuguesas foram de cerca de mil soldados, enquanto no exército castelhano morreram aproximadamente 4 mil homens e outros 5 mil foram aprisionados.

CURIOSIDADES

✳ Para Portugal, a batalha ocorrida no planalto de São Jorge foi decisiva. Sem ela, o pequeno reino de Portugal teria, muito provavelmente, sido absorvido para sempre por seu poderoso vizinho espanhol.

✳ Dom João I, em um gesto de gratidão, ordenou que todas as catedrais do reino fossem consagradas a Senhora da Assunção, mandando também construir o famoso convento da Batalha.

ORAÇÃO

Ó Dulcíssima soberana, rainha dos Anjos, bem sabemos que, miseráveis pecadores, não éramos dignos de vos possuir neste vale de lágrimas, Mas sabemos que a vossa grandeza não vos faz esquecer a nossa miséria e, no meio de tanta glória, a vossa compaixão, longe de diminuir, aumenta cada vez mais para conosco. Do alto desse trono em que reinais sobre todos os anjos e santos, volvei para nós os vossos olhos misericordiosos; vede a quantas tempestades e mil perigos estaremos, sem cessar, expostos até o fim de nossa vida. Pelos merecimentos de vossa bendita morte, obtende-nos o aumento da fé, da confiança e da santa perseverança na amizade de Deus, para que possamos, um dia, ir beijar os vossos pés e unir as nossas vozes às dos espíritos celestes, para louvar e cantar as vossas glórias eternamente no céu. Assim seja!

NOSSA SENHORA AUXILIADORA

CELEBRAÇÃO: **24 de maio**

A invocação a Nossa Senhora Auxiliadora tem suas raízes no século 15, quando o sultão Selim I, califa do Império Otomano, desejou expandir seus domínios por toda a Europa. Para combater a invasão muçulmana, o papa Pio V organizou um exército e invocou o auxílio da Virgem Maria para o combate.

A vitória aconteceu no dia 7 de outubro de 1571 e, em gratidão, o pontífice acrescentou às orações a invocação "Auxiliadora dos cristãos". No entanto, a celebração da Virgem só viria no século 17, com as guerras napoleônicas. Quando o imperador francês Napoleão Bonaparte tentou estender seu poder sobre os estados da Igreja, o papa Pio VII o excomungou.

Inconformado, o imperador da França mandou prender o religioso, mantendo-o preso por cinco anos. Sem perder a fé, Pio VII pedia o auxílio de Maria e, para marcar seu agradecimento à Mãe de Deus depois de liberto, o papa criou a festa de Nossa Senhora Auxiliadora no dia de seu retorno a Roma.

CURIOSIDADES

- **A Virgem Auxiliadora é conhecida como a protetora dos lares.**
- **No Brasil, essa representação de Maria foi trazida por Dom Bosco, no século 19, para simbolizar a Congregação Salesiana.**
- **O amor do religioso pela Virgem Auxiliadora era tão grande que ela passou a também ser conhecida como a "Virgem de Dom Bosco".**

RUDGER REMÍGIO

ORAÇÃO

Santíssima Virgem Maria a quem Deus constituiu Auxiliadora dos Cristãos, nós vos escolhemos como Senhora e Protetora desta casa. Dignai-vos mostrar aqui Vosso auxílio poderoso. Preservai esta casa de todo perigo: do incêndio, da inundação, do raio, das tempestades, dos ladrões, dos malfeitores, da guerra e de todas as outras calamidades que conheceis. Abençoai, protegei, defendei, guardai como coisa vossa as pessoas que vivem nesta casa. Sobretudo concedei-lhes a graça mais importante, a de viverem sempre na amizade de Deus, evitando o pecado. Dai-lhes a fé que tivestes na Palavra de Deus, e o amor que nutristes para com Vosso Filho Jesus e para com todos aqueles pelos quais Ele morreu na cruz. Maria, Auxílio dos Cristãos, rogai por todos que moram nesta casa que Vos foi consagrada. Amém

NOSSA SENHORA DA BOA VIAGEM

CELEBRAÇÃO: **15 de agosto**

Chamada pelos portugueses de "Estrela do Mar", Nossa Senhora da Boa Viagem auxiliava os marujos quando lhes faltava a orientação dos astros e do astrolábio para a navegação. A primeira igreja erguida em Portugal data do século 15, perto de Lisboa.

Sua devoção chegou ao Brasil pela Bahia, no século 16, e depois se propagou para Pernambuco e Rio de Janeiro. No século 18, a baía de Guanabara, nas proximidades de Niterói, ganhou uma capela em sua honra, custeada por uma irmandade de pescadores e homens do mar.

Porém, nem todos os viajantes se deslocavam pelo oceano, especialmente com o Brasil inteiro a ser explorado. Logo, desbravadores dos sertões descobriram ouro em Minas Gerais e, junto com os primeiros bandeirantes, foi levada uma imagem da santa como protetora na arriscada jornada. Dessa maneira, Nossa Senhora da Boa Viagem acabou se tornando a padroeira da capital mineira, Belo Horizonte.

ORAÇÃO

Virgem Santíssima, Senhora da Boa Viagem, esperança infalível dos filhos da Santa Igreja, sois guia e eficaz auxílio dos que transpõem a vida por entre os perigos do corpo e da alma. Refugiando-nos sob vosso olhar materno, empreendemos nossas viagens certos do êxito que obtivestes quando vos encaminhastes para visitar vossa prima Santa Isabel. Em ascensão crescente na prática de todas as virtudes transcorreu a vossa vida, até o ditoso momento de subirdes gloriosa para os céus; nós vos suplicamos pois, ó Mãe querida: velai por nós, indignos filhos vossos, alcançando-nos a graça de seguir os vossos passos, assistidos por Jesus e José, na peregrinação desta vida e na hora derradeira de nossa partida para a eternidade.
Amém

CURIOSIDADES

✻ **No século 18, no Rio de Janeiro, os navios que entravam na baía de Guanabara saudavam o santuário da Virgem da Boa Viagem com salvas de apitos.**
✻ **Capitães e marinheiros se ajoelhavam dando graças a Nossa Senhora pela travessia segura.**

NOSSA SENHORA DO BOM DESPACHO

CELEBRAÇÃO: **31 de maio**

A devoção a Nossa Senhora do Bom Despacho começa com o pedido de ajuda da Virgem pelo "despacho" das almas dos falecidos no momento do julgamento divino. Além da assistência dedicada às almas, sua fé sempre foi muito abrangente. Essa representação de Maria também atua como advogada das causas difíceis para os fiéis e auxilia as mulheres na hora do parto.

Estudiosos de Mariologia afirmam que sua veneração chegou ao Brasil no século 18, trazida pelos frades agostinianos vindos de Lisboa, com destino a Minas Gerais.

De acordo com os escritos de Santo Agostinho, ela é tão poderosa que até mesmo quem comete os erros mais graves pode se salvar graças à sua proteção. Nossa Senhora do Bom Despacho é considerada a padroeira dos pecadores rebeldes e dos fiéis que vieram de outras religiões e se converteram ao Cristianismo.

ORAÇÃO

Gloriosa pura imaculada Conceição Maria do Bom Despacho, vós sois mais brilhante que as estrelas mais claras que a lua mais elevada no Céu. Sois nossa mãe, nossa advogada perante o tribunal Divino e aqui nas nossas dificuldades sois a nossa protetora, a luz no caminho da verdade, da caridade. Do amor ao próximo. Nossa Senhora do Bom Despacho, com o coração cheio de amor, despachai todo mal para onde for os desígnios de Deus, para que não caiamos em pecado, vícios e perigos. Dai aos nossos corações e às nossas mentes força, energia para seguir a nossa missão com a igreja, com serenidade ao Vosso Divino Filho e a Nossa Senhora e a vós, mãe, e aos nossos irmãos para sempre. Amém

CURIOSIDADES

✳ **Na capital portuguesa seu** culto era realizado no Convento da Encarnação, onde havia uma imagem milagrosa da Virgem.
✳ **Por isso, muitas imagens** são semelhantes às de Nossa Senhora de Encarnação, mas com a cabeça coberta por um véu escuro e curto, com uma coroa.

NOSSA SENHORA DO BRASIL

CELEBRAÇÃO: **9 de setembro**

Os primeiros relatos sobre a devoção à Nossa Senhora do Brasil são do início do século 17. Conta a tradição que existia uma imagem da Virgem Maria, considerada milagrosa, em uma missão indígena em Pernambuco. Dizia-se que o próprio santo Padre José de Anchieta encomendou a escultura de traços indígenas, com Maria e o Menino Jesus nos braços.

A imagem desapareceu no período da invasão holandesa no Nordeste. Em 1710, foi redescoberta pelos padres capuchinhos italianos e, em 1725, escolhida como padroeira da prefeitura apostólica de Recife, com o nome de Nossa Senhora dos Divinos Corações.

Um século depois, após vários atos rebeldes na cidade pernambucana, quando diversas igrejas foram depredadas, frei Joaquim d'Afragola, devoto da Virgem, enviou-a secretamente para o convento da ordem em Nápoles, na Itália. No entanto, a santa permaneceu na alfândega durante muito tempo, até que os guardas abriram a caixa e ficaram surpreendidos com sua beleza. Os capuchinhos, por fim, a colocaram para veneração na igreja de Santo Efrém e os fiéis deram-lhe o nome de "Madonna del Brasile".

CURIOSIDADES

✳ A santa tornou-se ainda mais popular em 1840, quando um incêndio transformou a igreja de Santo Efrém em cinzas, poupando intacta apenas a imagem de Nossa Senhora.

✳ A história se espalhou pela Itália, juntamente com o número de milagres atribuídos a ela, e o Vaticano recomendou que a Virgem fosse coroada com o título oficial de Nossa Senhora do Brasil. A estátua original permanece na Europa.

ORAÇÃO

Pai de bondade, nesta hora importante, confiantes fazemos esta prece por nossa Terra. Aflige-nos a miséria material e espiritual de milhões de irmãos. Angustia-nos ver suas justas aspirações inatendidas. Entristece-nos a falta de grandeza ética e religiosidade, na vida particular e no procedimento público. Pedimos, pois, Vossa Graça, para que governantes e governados unam suas forças em busca do bem comum. Renovai os corações para que surjam mulheres e homens novos, capazes de construir uma grande sociedade cristã, enraizada no trabalho, na justiça e na austeridade. Isso Vos pedimos pelos Sagrados Corações de Jesus e de Maria, aqui invocados sob o título de Nossa Senhora do Brasil, Vossa e nossa Mãe querida. Amém

NOSSA SENHORA DA CANDELÁRIA

CELEBRAÇÃO: **2 de fevereiro**

A origem da devoção à Nossa Senhora da Candelária — mesma variante de Senhora das Candeias e da Luz — começa na cerimônia de apresentação do Menino Jesus no templo e da purificação de Nossa Senhora, 40 dias após o parto.

De acordo com a tradição judaica, a mulher ficava impura ao dar à luz, devendo visitar o templo depois da quarentena, apresentar um sacrifício ao sacerdote e assim purificar-se. Foi o que fez a Sagrada Família.

A cerimônia foi realizada diante de Simeão, que disse: "Agora, senhor, despedes em paz o teu servo, segundo a tua palavra: porque os meus olhos já viram a tua salvação, a qual preparaste diante de todos os povos: luz para revelação aos gentios e para glória do teu povo de Israel. E estavam o pai e a mãe do menino admirados do que dele se dizia" (Lucas, 2, 29-33). O culto à Virgem das Candeias atravessou os séculos e chegou ao Ocidente no século 15, a partir da Espanha. Nas Américas, sua veneração começou a partir do século 19.

CURIOSIDADES

✳ Conta-se que na ilha de Tenerife dois pastores do povo guanche guardavam seus animais perto de uma caverna e ali descobriram a imagem de uma senhora com seu filho no colo. Iluminando a santa havia muitas candeias (velas), sustentadas por seres invisíveis que cantavam e ensinavam a maneira de render culto a Deus e a Maria.

✳ A imagem foi mantida na gruta onde, séculos mais tarde, foi construída a Basílica Nossa Senhora da Candelária. A estátua original desapareceu no século 19.

ORAÇÃO

Virgem Santíssima das Candeias, vós que pelos merecimentos de vosso Filho Onipotente tudo alcançais em benefício dos pecadores de quem sois igualmente Senhora e Mãe. Vós que não desprezais as súplicas humanas e nem a elas fechais o vosso coração compassivo e misericordioso. Iluminai-me, eu vos peço, na estrada da vida, encorajai-me e encaminhai os meus passos e as minhas orações para o verdadeiro bem.
Livrai-me de todos os perigos a que está exposta à minha fraqueza. Defendei-me de meus inimigos, como defendeste o vosso amado Filho das perseguições que sofreu sendo menino.
Não consintais que eu seja atingido por ferro, fogo e nem por peste alguma, e depois de todos estes benefícios de vossa clemência nesta vida, conduzi a minha alma para a morada dos anjos, onde com Jesus Cristo, vosso Filho e Nosso Senhor, viveis e reinais, pelos séculos. Que assim seja.

NOSSA SENHORA DO CARMO

CELEBRAÇÃO: **16 de julho**

A devoção a Nossa Senhora do Carmo está presente em quase todo o Brasil, em especial em Minas Gerais: sob sua proteção nasceu a primeira vila mineira, a cidade de Mariana. Sua história está ligada ao Monte Carmelo, na Samaria, atual cidade de Haifa, Israel.

Afirma-se que era neste local que o profeta Elias, do antigo testamento bíblico, tinha muitas de suas visões. Nos primeiros tempos do Cristianismo, eremitas construíram ali um convento sob a invocação de Nossa Senhora, tornando o Monte Carmelo um local de peregrinação.

Durante o século 12, na época das Cruzadas – guerra santa entre cristãos e muçulmanos – o cruzado calabrês Bertoldo, em cumprimento a uma promessa feita em batalha, retirou-se para o monte com alguns companheiros de armas e fundou a Ordem de Nossa Senhora do Carmo. Quando os soldados cristãos saíram da Terra Santa, a ordem expandiu-se para a Europa, tornando-se muito forte entre os militares, que adotaram a santa como padroeira.

CURIOSIDADES

✳ No século 13 os carmelitas foram tão perseguidos na Europa que quase desapareceram. Foi então que Nossa Senhora apareceu para o Superior Geral da ordem, o inglês Simão Stock, prometendo ajudá-lo. Ela deu a ele um escapulário como sinal de aliança e proteção.

✳ Escapulário vem da palavra latina scapula e quer dizer aquilo que se traz sobre os ombros. Com o passar do tempo e a expansão dessa devoção, o objeto foi diminuindo de tamanho, até a forma reduzida que se vê hoje.

ORAÇÃO

Ó Virgem Maria!
Senhora do Carmo,
Mãe da Misericórdia;
A Ti rogamos graças junto
a Nosso Senhor Jesus Cristo!
Mãe do Carmo, Senhora Nossa,
Que nos recebe como filhos
e filhas muito amados,
Que nos ensina a Oração
do Coração,
Assim contemplamos
Vosso Filho Jesus;
Mãe Piedosa,
Ensina-nos a calarmos nas
dificuldades
Para ouvirmos vossos
ensinamentos;
Ensina-nos o acolhimento
ao próximo,
Ajudai-os a sermos
perseverantes nos trabalhos
da Santa Igreja;
Pedimos vossa maternal
intercessão junto a Jesus
Cristo Nosso Senhor,
Para sermos seus instrumentos
na Evangelização de um
mundo melhor;
Pedimos vossa benção
Mãe Senhora Nossa,
Agora e sempre.
Amém!

NOSSA SENHORA DA CONCEIÇÃO

CELEBRAÇÃO: **8 de dezembro**

A devoção à Imaculada Conceição refere-se ao dogma determinado pela Igreja Católica de que a concepção de Jesus por Maria ocorreu sem a mácula do pecado original.

Em Portugal, Nossa Senhora da Conceição já tinha uma multidão de devotos quando seu culto foi oficializado por Dom João IV, no século 17. No Brasil, a imagem da Virgem chegou em uma das naus de Pedro Álvares Cabral.

Sua representação mostra Maria Santíssima sobre o globo terrestre, esmagando com os pés uma cobra, símbolo do pecado original. As mãos estão unidas em oração e os olhos, voltados para o céu. Os frades franciscanos foram os responsáveis por difundir sua devoção em terras brasileiras, presente em todos os estados.

ORAÇÃO

Virgem Santíssima, que fostes concebida sem o pecado original e por isto merecestes o título de Nossa Senhora da Imaculada Conceição e por terdes evitado todos os outros pecados, o Anjo Gabriel vos saudou com as belas palavras: Ave Maria, cheia de graça; nós vos pedimos que nos alcanceis do vosso divino Filho o auxílio necessário para vencermos as tentações e evitarmos os pecados e, já que vos chamamos de Mãe, atendei-nos com carinho maternal e ajudai-nos a viver como dignos filhos vossos. Nossa Senhora da Imaculada Conceição, rogai por nós.

CURIOSIDADES

✳ Uma das primeiras igrejas da América do Sul foi a pequena capela de Itanhaém, no litoral paulista, local de evangelização do santo Padre José de Anchieta.

✳ Ali fica o Convento Nossa Senhora da Conceição (1532), considerado um dos edifícios mais antigos do país. Por 200 anos o templo foi um dos principais pontos de peregrinação do Brasil, recebendo centenas de fiéis em romaria.

NOSSA SENHORA DA CONSOLAÇÃO

CELEBRAÇÃO: **Sua festa é móvel, comemorada no primeiro domingo após o dia de Santo Agostinho (28 de agosto)**

Nossa Senhora da Consolação é considerada padroeira do lar, promovendo a harmonia nas famílias e a conversão dos filhos desviados do bom caminho. A fama desta representação de Maria originou-se depois do socorro prestado à família do jovem Santo Agostinho, na cidade de Tagaste, onde hoje fica a Argélia, no norte da África. Ele era filho do pagão Patrício e da cristã Mônica, que depois se tornaria santa.

Amargurada com a morte do marido e a rebeldia do filho, Mônica recorreu à Mãe da Consolação, que lhe apareceu vestida de negro e trazendo uma correia, uma espécie de cinto que as mulheres usavam. Maria falou para a viúva se vestir daquela maneira e lhe entregou a correia, garantindo a conversão de seu filho.

Pouco tempo depois, Agostinho não apenas se converteu ao Cristianismo, como se tornou uma das maiores referências da Igreja Católica. Seus textos e estudos sobre vida religiosa, filosofia e cultura são obras de referência até os dias de hoje.

ORAÇÃO

Vós sois no céu a Rainha dos Anjos e dos Santos, mas aqui na terra é a Mãe das consolações. Vós sois a Consolação e eu, vosso (a) filho (a), vos peço, portanto, consolação e a graça... (pedir a graça). Mãe querida, vós sabeis o modo, conheceis o caminho para ouvir-me, por isso confio em vós! Dizei uma palavra a Jesus que trazeis em vossos braços com tanto amor e carinho, e será o suficiente para que eu prove a alegria do conforto. Consolado (a) por vós e pelo vosso Filho, serei capaz de consolar os meus irmãos que mais sofrem. Saberei também enfrentar com serenidade as dificuldades, encontrando em vós auxílio e proteção. Amém

CURIOSIDADES

✻ O culto a Nossa Senhora da Consolação desenvolveu-se a partir da ordem dos agostinianos. Primeiro na Itália, onde Agostinho morreu em 430, depois em outros países europeus.
✻ No Brasil, a devoção começou a ser divulgada com a chegada da ordem, no século 19.

NOSSA SENHORA DO DESTERRO

CELEBRAÇÃO: **2 de abril**

DIVULGAÇÃO CATEDRAL NOSSA SENHORA DO DESTERRO

As histórias relacionadas a Nossa Senhora do Desterro estão presentes na Bíblia no evangelho de Mateus (Mt 2, 13-23). A passagem bíblica relata o aparecimento de um anjo no sonho de São José, alertando-o para que fugisse com sua família para o Egito porque o rei Herodes estava perseguindo e matando bebês em Belém. Segundo historiadores, a Sagrada Família permaneceu entre quatro e sete anos no Egito, voltando para casa após a morte de Herodes.

No Brasil, essa representação da Virgem Exilada foi muito difundida durante a colonização portuguesa – a devoção ajudava a diminuir as saudades da terra deixada para trás. As primeiras igrejas brasileiras em sua homenagem foram construídas na Bahia e no Rio de Janeiro.

Atualmente, é bastante invocada por brasileiros que deixam o país em busca de melhores oportunidades de vida na Europa, América do Norte e Japão. Eles recorrem à Virgem do Desterro para encontrar compreensão e simpatia na nova pátria.

CURIOSIDADES

✳ Em Salvador, o convento de Nossa Senhora do Desterro foi erguido no século 17 como sede do primeiro claustro brasileiro para mulheres, comandado por religiosas da Ordem das Clarissas. Dizia-se que muitas moças da elite baiana eram enclausuradas por imposição das famílias após se envolverem em escândalos amorosos na sociedade.

✳ Durante mais de 200 anos Florianópolis, capital de Santa Catarina, era conhecida como Vila do Desterro, pois cresceu em torno de uma capela construída em 1673 em devoção à Virgem.

ORAÇÃO

Bem-aventurada Virgem Maria, Mãe de Nosso Senhor Jesus Cristo, Rainha do Céu e da Terra, advogada dos pecadores, auxiliadora dos cristãos, desterradora das indigências, das calamidades, dos inimigos corporais e espirituais, dos maus pensamentos, das cenas terríveis do dia do juízo, das pragas, dos malfeitores, ladrões, arrombadores, assaltantes e assassinos. Minha amada Mãe, eu prostrado agora aos Vossos pés, cheio de arrependimento das minhas pesadas culpas, por Vosso intermédio imploro perdão ao boníssimo Deus. Rogai ao Vosso Divino Jesus, por nossas famílias, para que Ele desterre de nossas vidas todos esses males, nos dê perdão de nossos pecados e nos enriqueça de Sua divina graça e misericórdia. Cobri-nos com o Vosso manto maternal e desterrai de todos nós todos os males e maldições. Afugentai de nós a peste e os desassossegos. Possamos por Vosso intermédio obter a cura de todas as doenças, encontrar as portas do Céu abertas e ser felizes por toda a eternidade. Amém

NOSSA SENHORA DAS DORES

CELEBRAÇÃO: **15 de setembro**

Essa representação de Maria simboliza as dores da Santa Mãe. Dizem as tradições que são sete os sofrimentos principais que Maria sentiu durante a vida. Por isso, em algumas iconografias ela aparece com o coração trespassado por uma espada e, em outras, por sete punhais. Em todas, sua expressão é de agonia e resignação.

Em Portugal, o culto da Virgem Dolorosa foi difundido pelos padres da Congregação do Oratório, sendo bastante popular durante a Semana Santa, quando se homenageia a fortaleza e a paciência com que Nossa Senhora suportou os sofrimentos aplicados a seu filho.

No Brasil sua devoção cresceu no século 18, a partir das cidades mineiras de Vila Rica e Ouro Preto, onde se realiza até hoje a cerimônia do Setenário das Dores. Durante sete sextas-feiras, começando na que antecede o Carnaval, até a Sexta-Feira Santa, as igrejas em sua homenagem relembram as dores de Maria.

ORAÇÃO

Ó Mãe de Jesus e nossa mãe, Senhora das Dores, nós vos contemplamos pela fé, aos pés da cruz, tendo nos braços o corpo sem vida do vosso Filho. Uma espada de dor transpassou vossa alma como predissera o velho Simeão.
Vós sois a Mãe das dores.
E continuais a sofrer as dores do nosso povo, porque sois Mãe companheira, peregrina e solidária.
Recolhei em vossas mãos os anseios e as angústias do povo sofrido, sem paz, sem pão, sem teto, sem direito a viver dignamente.
E com vossas graças, fortalecei aqueles que lutam por transformações em nossa sociedade.
Permanecei conosco e dai-nos o vosso auxílio, para que possamos converter as lutas em vitórias e as dores em alegrias.
Rogai por nós, ó Mãe, porque não sois apenas a Mãe das dores, mas também a Senhora de todas as graças.
Amém!

CURIOSIDADES

✳ O Setenário das Dores é uma devoção litúrgica que simboliza as sete dores de Nossa Senhora expostas no evangelho: a profecia de Simeão na apresentação de Jesus no templo, a fuga para o Egito, os momentos em que Maria se perdeu de Jesus adolescente durante a peregrinação à Jerusalém, o caminho de Cristo para o calvário, a crucificação, a deposição da cruz e a sepultura.

✳ Essa celebração do Setenário das Dores pode ser acompanhada em Sabará (MG).

NOSSA SENHORA DE FÁTIMA

CELEBRAÇÃO: **13 de maio**

Nossa Senhora de Fátima é uma das representações mais amadas no Brasil. Sua história tem origem na cidade portuguesa de Fátima, em 1917. No dia 13 de maio, na Cova da Iria, a Mãe de Deus apareceu para três crianças, os pastorinhos Lúcia, de 10 anos, e seus primos Francisco, de 9, e Jacinta, com 7 anos.

Ao longo de seis meses consecutivos, geralmente no dia 13, eles tiveram revelações. No começo as crianças se assustaram, mas a Senhora as tranquilizou, dizendo para não terem medo, para rezarem o terço todos os dias e assim alcançariam a paz e o fim da guerra – na época desenrolava-se a Primeira Guerra Mundial, que terminaria em 1918.

Sua última aparição, em 13 de outubro de 1917, foi testemunhada por centenas de pessoas em um dia nublado. De repente, o céu se abriu e o sol pareceu soltar-se do firmamento, girando sobre si em rodopios de modo que a luz refletia nas pessoas. O fenômeno pôde ser visto a uma distância de 40 quilômetros. Depois das aparições, ficaram notórios os três segredos revelados a Lúcia, que se tornou freira ao ingressar no convento das Carmelitas, em Coimbra.

ORAÇÃO

Santíssima Virgem, que nos montes de Fátima vos dignastes revelar aos três pastorinhos os tesouros de graças que podemos alcançar, rezando o Santo Rosário, ajudai-nos a apreciar sempre mais esta santa oração, a fim de que, meditando os mistérios da nossa redenção, alcancemos as graças que insistentemente vos pedimos. Maria Santíssima, volvei vossos olhos misericordiosos para este mundo tão necessitado de Paz, de Saúde e Justiça. Vinde em nosso auxílio, Mãe dos Aflitos, e Socorrei-nos com Vosso Amor e Piedade. Amém!

CURIOSIDADES

✳ As duas primeiras partes do segredo de Fátima são conhecidas desde 1941. Dizem respeito à devoção ao Imaculado Coração de Maria, aos horrores da Segunda Guerra Mundial e aos danos que o totalitarismo comunista na Rússia causaria à humanidade.

✳ A terceira parte foi revelada publicamente em 2000 e fala sobre mais guerras, provações, penitência e sofrimento do Santo Padre.

NOSSA SENHORA DA GLÓRIA

CELEBRAÇÃO: **15 de agosto**

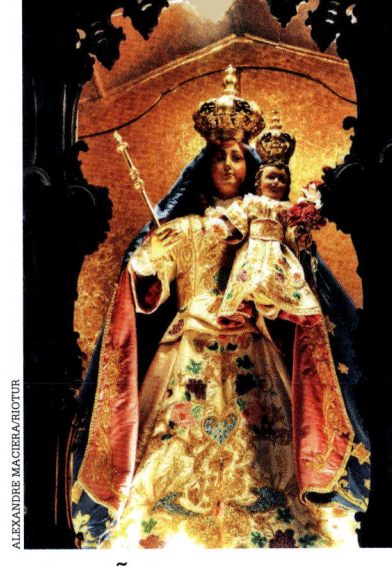

Nossa Senhora da Glória é uma titulação variante de Nossa Senhora da Assunção. Segundo os dogmas da Igreja Católica, seu nome vem de três verdades da fé: a dormição de Nossa Senhora, sua assunção ao céu de corpo e alma e a glorificação como Rainha do céu e da terra após realizar o plano de Deus.

Nessa representação, a imagem de Maria aparece subindo aos céus rodeada de anjos e sem o Menino Jesus nos braços. Ela segura um cetro na mão direita e leva uma coroa real na cabeça.

Sua devoção no Brasil existe desde os primeiros períodos da colonização portuguesa. Uma das primeiras capelas em sua honra foi erguida em Porto Seguro (BA), em 1503, da qual só restam ruínas.

ORAÇÃO

Mãe e Rainha da Glória
Mulher vestida de sol,
Nossa Senhora da Assunção,
que ao céu foi levada,
em corpo e alma,
mas está perto de nós,
Conduzi o vosso povo
nesta caminhada rumo
à pátria celeste.
Arca da aliança, que
gerastes o Menino Jesus,
Antecipais com vossa
assunção, a glorificação
a que estamos também
destinados pela glorificação
da humanidade de Cristo.
Aurora e esplendor da igreja
triunfante, Maria é consolo
e esperança para nós, que
estamos em caminho, à
espera da glória celeste.
Nossa Senhora da Glória,
dai-nos a bênção! Amém

CURIOSIDADES

✳ A festa de Nossa Senhora da Glória é uma das mais antigas e tradicionais no Rio de Janeiro. Durante o reinado de D. João VI, as celebrações em sua homenagem eram cercadas de luxo.
✳ Em honra à santa, o monarca português batizou sua primeira neta, Maria da Glória, filha de D. Pedro I.

NOSSA SENHORA DAS GRAÇAS

CELEBRAÇÃO: **27 de novembro**

A história de Nossa Senhora das Graças começa nos relatos bíblicos. No evangelho de São Lucas (1,28), o apóstolo relata a aparição do anjo Gabriel a Maria para anunciar que ela seria a mãe de Jesus, dizendo-lhe "cheia de graça". Ao aceitar a missão divina, Nossa Senhora passou a ser portadora da maior de todas as graças: gerar o filho de Deus.

Sua devoção se popularizou no século 19, a partir da França. No dia 27 de novembro de 1830, em Paris, a freira Catarina Labouré, da congregação das Filhas da Caridade, foi à capela para rezar. A noviça teve a primeira visão da Virgem, revelada a ela como Nossa Senhora das Graças. Outras duas revelações se seguiram, nas quais a Mãe de Jesus a mandava cunhar uma medalha, depois chamada de "milagrosa".

Em 1832, a capital francesa vivia uma terrível epidemia de cólera. As Filhas da Caridade, sob a orientação de Catarina, começaram a distribuir as primeiras medalhas aos enfermos e as curas se multiplicaram, bem como as conversões. Em volta da insígnia há a frase: "Ó Maria concebida sem pecado, rogai por nós que recorremos a Vós".

CURIOSIDADES

❊ Catarina Labouré passou a vida no anonimato, sem chamar atenção sobre si, nem assumir ser a mensageira de Nossa Senhora das Graças. Dedicou-se aos doentes e idosos do asilo mantido pela congregação durante 46 anos.

❊ Após sua morte, a verdade sobre as visões passou a ser divulgada e Catarina foi canonizada pelo Papa Pio XII, em 1937.

DIVULGAÇÃO/IGREJA DE NOTRE DAME PARIS

ORAÇÃO

***Ó Imaculada Virgem
Mãe de Deus e nossa Mãe,
ao contemplar-vos de braços
abertos derramando graças
sobre os que vo-las pedem,
cheios de confiança na vossa
poderosa intercessão, inúmeras
vezes manifestada pela Medalha
Milagrosa, embora reconhecendo
a nossa indignidade por
causa de nossas inúmeras culpas,
acercamo-nos de vossos
pés para vos expôr, durante
esta oração, as nossas mais
prementes necessidades
(pedir a graça desejada).
Concedei, pois, ó Virgem
da Medalha Milagrosa, este
favor que confiantes vos
solicitamos, para maior
Glória de Deus, engrandecimento
do vosso nome, e o bem de
nossas almas. E para melhor
servirmos ao vosso Divino Filho,
inspirai-nos profundo ódio
ao pecado e dai-nos coragem
de nos afirmar sempre
como verdadeiros cristãos.
Amém***

NOSSA SENHORA DA LAPA

CELEBRAÇÃO: **15 de agosto**

A palavra lapa é sinônimo de caverna. Conta a tradição que foi em um lugar assim que, em 983, algumas freiras beneditinas de Aguiar da Beira, em Portugal, esconderam uma pequena imagem de Nossa Senhora. As religiosas estavam fugindo do ataque de Al-Mansur, o Vitorioso, vizir do Califado de Córdoba, na Espanha mourisca.

Séculos depois, em 1498, uma menina chamada Joana, muda de nascença, encontrou a imagem no fundo da caverna e a levou em sua cesta. Julgando ter achado uma boneca, a garota brincava de vesti-la quando sua mãe a surpreendeu e jogou a estátua no fogo. Na mesma hora a menina recuperou a fala e conseguiu salvar a santa das chamas.

Mãe e filha devolveram a imagem ao lugar em que foi encontrada e mais tarde, devido aos relatos de milagres ali realizados, a Virgem ficou conhecida pelo nome de Nossa Senhora da Lapa.

CURIOSIDADES

✳ O Convento de Nossa Senhora da Lapa, em Salvador (BA), ficou famoso em 1822 durante o movimento pela independência do Brasil. O rei de Portugal, D. João VI, substituiu o comandante brasileiro das tropas da capital baiana pelo general português Madeira de Melo. Muitos protestos aconteceram nas ruas, gerando confronto entre a população e os soldados portugueses.

✳ A abadessa Joana Angélica de Jesus, ao tentar impedir a invasão do convento, foi morta com golpes de baioneta. Na época, seu assassinato serviu como um dos estopins para a independência, da qual Joana Angélica se tornou mártir.

ORAÇÃO

Ó Maria Santíssima, Virgem Pura, Nossa Senhora da Lapa Descendente da realeza de Davi, Mãe de Nosso Redentor e Messias Jesus; Mãe da Humanidade, que tantos venerandos e piedosos títulos recebeste de teus filhos: Sob o título de Nossa Senhora da Lapa te invoco, clamando humildemente que ouças minha prece. Com respeito e veneração, ó Imperatriz do Universo, te louvo e te agradeço por tantos auxílios que me tens concedido. A ti rezo, Nossa Senhora da Lapa, pedindo tua proteção contra a miséria material e espiritual, as doenças, os desastres e tudo o que há de maligno. Com as luzes do Espírito Santo, traze o consolo para minhas aflições. Não me deixes cair em infidelidades ao nosso Criador. Conserva-me fiel à verdade da doutrina de Jesus. Torna-me um verdadeiro e pleno cristão, ciente de meus direitos e deveres. Concede-me também, Virgem da Lapa, a graça especial que te peço Rainha da Lapa, confiante que minha súplica será por ti acolhida com amor maternal, te entrego meus pedidos. Zela por minha família e coloca-me sob tua proteção e sob as bênçãos de Cristo. Amém

NOSSA SENHORA DO LÍBANO

CELEBRAÇÃO: **5 de maio**

O Líbano é um país com uma cultura milenar e antigamente seu povo era chamado de fenício. Historiadores apontam que na época de Cristo a região da Galileia era extensa e, em um mapa moderno, ocuparia parte dos atuais territórios de Israel e do Líbano. Acredita-se que os fenícios conviveram com Maria durante toda a vida pública de Jesus. Por isso, a devoção dos libaneses à Nossa Senhora é tradicional.

O culto a essa representação de Maria começou no Líbano, em 1904, quando o patriarca maronita Elias Hoayeck decidiu construir em Jounieh, a 20 km da capital Beirute, um templo para comemorar os 50 anos da proclamação do dogma da Imaculada Conceição. O local escolhido para a igreja da Padroeira do Líbano, também conhecida como Nossa Senhora de Harissa, fica no alto da montanha de Harat Sakh.

Nossa Senhora do Líbano tem muitos devotos no Brasil, principalmente entre os imigrantes sírio-libaneses e seus descendentes. Eles são católicos maronitas que seguem o rito oriental da religião cristã.

ORAÇÃO

Ó Maria, rainha dos montes e dos mares, Senhora do nosso querido Líbano, cuja glória te foi dada, tu quiseste que ele seja o teu símbolo. O teu brilho supera o da neve do Líbano e o perfume da tua pureza espalha-se como o perfume das flores do Líbano. Tu te elevaste majestosa como o cedro do Líbano. A ti pedimos, ó Virgem, volve o teu materno olhar para todos os teus filhos e, estendendo as tuas imaculadas mãos, abençoa a todos eles. Amém

CURIOSIDADES

✳ Os maronitas são os cristãos católicos orientais. Seu nome vem de São Maron, um eremita de origem síria que viveu no século 4. O santo tinha o dom da cura das doenças e dos vícios, fundou monastérios e treinou muitos monges.

✳ A Igreja Maronita é católica, de rito oriental próprio, com celebração da missa em siro-aramaico, a língua que Jesus falava. Convive em plena comunhão com a Sede Apostólica Romana.

NOSSA SENHORA DE LOURDES

CELEBRAÇÃO: **11 de fevereiro**

A devoção a Nossa Senhora em Lourdes teve início na França, em 11 de fevereiro de 1858, na pequena vila de Lourdes, Sudoeste do país. Naquele dia Bernadette Soubirous, de apenas 14 anos, afirmou ter tido visões da Virgem Maria em uma gruta.

Orientações divinas, vindas de uma voz feminina que a chamava carinhosamente, conduziram a garota até uma fonte na Frotte de Massabielle. Nossa Senhora apareceu outras 17 vezes para a jovem. A notícia se espalhou e muitas pessoas queriam contemplar a Virgem, mas nada viam, o que gerou desconfiança na população. Por isso, Maria disse a Bernadette que cavasse o chão com as próprias mãos e no local começou a brotar água.

Desde sua última visão, em 1862, os peregrinos visitam a caverna para lá deixar muletas, orar e encher garrafas com a água milagrosa. Uma igreja foi construída sobre a gruta, com uma imagem da Virgem no nicho onde se deu a aparição.

CURIOSIDADES

✳ A jovem Bernardette sofreu muito por causa das aparições de Maria, pois foi considerada impostora, sendo injuriada e até interrogada pela polícia. O próprio governo francês se envolveu na polêmica e interditou a gruta por um tempo.

✳ As visões e milagres de Lourdes foram investigados e reconhecidos pelo Vaticano. Em 1862, o bispo de Tarbes autorizou o culto de Nossa Senhora de Lourdes.

✳ Bernardette ingressou na vida religiosa, na Ordem das Irmãs de Caridade de Nevers, sendo beatificada em 1933 pelo Papa Pio XI.

ORAÇÃO

Dóceis ao convite de vossa voz maternal, Ó Virgem Imaculada de Lourdes, acorremos a vossos pés junto da humilde gruta onde vos dignastes aparecer para indicar aos que se extraviam o caminho da oração e da penitência, e para dispensar aos que sofrem, as graças e os prodígios da vossa soberana bondade.
Recebei, Rainha compassiva, os louvores e as súplicas que os povos e as nações oprimidos pela amargura e pela angústia elevam confiantes a vós.
Ó resplandecente visão do paraíso, expulsai dos espíritos – pela luz da fé – as trevas do erro. Ó místico rosário com o celeste perfume da esperança, aliviai as almas abatidas.
Ó fonte inesgotável de água salutar com as ondas da divina caridade, reanimai os corações áridos.
Fazei que todos nós, que somos vossos filhos por vós confortados em nossas penas, protegidos nos perigos, sustentados nas lutas, nos amemos uns aos outros e sirvamos tão bem ao vosso doce Jesus que mereçamos as alegrias eternas junto a vosso trono no céu. Amém

NOSSA SENHORA DA LUZ

CELEBRAÇÃO: **2 de fevereiro**

Nossa Senhora da Luz é uma invocação variante de Nossa Senhora das Candeias, ou Candelária. Seu nome vem da cerimônia judaica de apresentação das crianças no templo 40 dias após o nascimento e da purificação das mães depois do parto.

Em Portugal sua devoção começa no século 15, no período das grandes navegações. Diz a tradição que Pedro Martins, da cidade de Carnide, viajava para a África quando foi feito prisioneiro por piratas árabes. Mantido em cativeiro por quase 10 anos e desesperado, ele recorreu à Virgem Maria, que lhe apareceu em sonho por 30 noites seguidas.

Na última noite Nossa Senhora lhe prometeu que, ao acordar, ele estaria em Carnide, onde deveria procurar uma imagem sua escondida perto da fonte do Machado – o lugar estaria indicado por uma luz brilhante. No dia seguinte o milagre havia se realizado e o português amanheceu na cidade natal. Martins encontrou a imagem e iniciou a construção de uma capela em honra a Nossa Senhora da Luz.

CURIOSIDADES

✻ As festas de Nossa Senhora da Luz são comemoradas com procissões em que os fiéis carregam velas. No Brasil, seu culto foi difundido pelos padres jesuítas e beneditinos, especialmente no Rio de Janeiro, Paraná e Rio Grande do Sul.

✻ A primeira capela brasileira dedicada à sua devoção foi erguida em São Paulo, por volta de 1580, onde hoje fica o bairro do Ipiranga, sendo posteriormente transferida para o bairro da Luz. O santo Padre José de Anchieta cita a construção do templo em uma de suas cartas.

ORAÇÃO

Nossa Senhora da Luz, ó Senhora da Luz, dona de todas as Graças, Cobre-nos com o Teu manto resplandecente, pois Tu és a Luz que nos guia pelas trevas, E pela Tua imensa misericórdia nos dás força e alento para seguir o nosso rumo, que nos leva até a ti, Ó Cheia de Graça. Nossa Senhora, pelo Espírito Santo iluminada, Mãe de Nosso Senhor, nossa fonte de Luz, Tu és a nossa força e o nosso caminho, e nos proteges por entre montanhas e vales, pelos desertos e ilhas, no sofrimento e na tortura, nas perseguições que sofremos. Ó Nossa Senhora da Luz, nossa Mãe, cobre-nos com a Tua interminável Glória, E continua a iluminar o nosso caminho com a Tua interminável e Divina Luz, Que outra coisa não queremos ver, senão as maravilhas da Tua Presença. Ó Nossa Senhora da Luz, Mãe de Deus, ajuda-nos com a Tua bondade infinita A enfrentar todos os perigos e tentações, para que com a Tua preciosa ajuda Sigamos nosso caminho com a Tua Luz, e longe da escuridão das trevas. Amém

NOSSA SENHORA MÃE DE DEUS

CELEBRAÇÃO: **1º de janeiro**

A invocação de Santa Maria Mãe de Deus é a primeira festa Mariana da igreja ocidental e tem registros desde o século 3, em Roma. Celebrada no dia 1º de janeiro, juntamente com o dia Universal da Paz, a ocasião comemora também a circuncisão do Menino Jesus.

Em Portugal, a invocação de Nossa Senhora Madre, ou Mãe, tem origem no reinado de Dom João II, no século 15. Contam as tradições que a rainha Leonor, uma mulher inteligente e sensível, protetora das artes e dos desfavorecidos, desejava construir um convento em honra da Santíssima Virgem, mas estava em dúvida sobre qual nome dar à casa religiosa.

Um dia, dois jovens muito belos levaram à rainha uma estátua de Nossa Senhora para ver se lhe agradava. Diz a lenda que os rapazes eram anjos e deixaram a imagem com a representação da Mãe de Deus com Leonor. A rainha colocou a escultura no convento, em Lisboa, dando ao monastério o título de Madre de Deus.

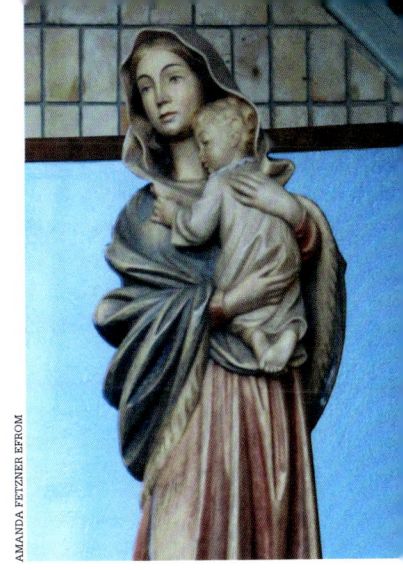

ORAÇÃO

*Querida Mãe de Deus
e nossa Mãe.
Chamada por muitos
títulos, sois a mesma Mãe
querida de Deus e minha.
Deus veio ao mundo feito homem
Como um transbordamento
de amor, por nós, seus filhos
e filhas. Maria, Mãe desse
amor, Ajudai-nos a entender,
neste ano que se inicia, o
grande amor de Deus por nós
e vivenciar os valores
fundamentais da justiça,
da partilha, da solidariedade,
do amor aos irmãos.
Maria, Mãe da vida, sois
presença constante e exemplo
de docilidade e ternura, nos
momentos de nosso dia a dia.
Maria, Mãe de Deus,
dai-nos a bênção! Amém*

CURIOSIDADES

✳ Atualmente, a Igreja do Convento da Madre de Deus abriga o Museu Nacional do Azulejo. A rainha Leonor foi sepultada neste mesmo local.

✳ No Brasil, a dedicação a Nossa Senhora Mãe de Deus é bastante presente em Minas Gerais, Pernambuco e Bahia, especialmente na região do Recôncavo Baiano.

NOSSA SENHORA DAS MERCÊS

CELEBRAÇÃO: **24 de setembro**

A invocação de Nossa Senhora das Mercês remonta ao século 13, uma época em que os árabes dominavam a Península Ibérica e escravizavam os cristãos. Conta-se que na noite de 24 de setembro de 1218, Nossa Senhora apareceu simultaneamente em sonho a três homens: o militar francês Pedro Nolasco, o teólogo espanhol Raimundo Peñaforte e D. Jaime I, rei de Aragão. Maria convidava-os a fundar uma ordem religiosa com a missão de libertar os cativos.

Certos de que essa era a vontade de Deus, o monarca mandou construir um convento; Peñaforte elaborou os estatutos da ordem; e Pedro Nolasco, então instalado em Barcelona, onde já resgatava cristãos escravizados com dinheiro próprio, foi o primeiro Comandante Geral da Ordem Real e Militar de Nossa Senhora das Mercês da Redenção dos Cativos. Os religiosos adotaram os votos de pobreza, castidade, obediência e alguns tornaram-se escravos para salvar os presos.

Sua devoção chegou ao Brasil no século 18, quando a Irmandade de Nossa Senhora das Mercês estabeleceu-se em Ouro Preto, em Minas Gerais, com o objetivo de libertar os escravos que trabalhavam nas minas. Com o tempo, as confrarias dos mercedários ganharam uma conotação de assistência e proteção aos homens negros que nelas se filiavam.

ORAÇÃO

Virgem Maria, Mãe das Mercês, com humildade acorremos a Vós, certos de que não nos abandonais por causa de nossas limitações e faltas. Animados pelo vosso amor de Mãe, oferecemo-vos nosso corpo para que o purifiqueis, nossa alma para que a santifiqueis, o que somos e o que temos, consagrando tudo a Vós. Amparai, protegei, bendizei e guardai sob a vossa maternal bondade a todos e a cada um dos membros desta família que se consagra totalmente a Vós. Ó Maria, Mãe e Senhora nossa das Mercês, apresentai-nos ao vosso Filho Jesus, para que, por vosso intermédio alcancemos, na Terra, a sua Graça e depois a vida eterna. Amém

CURIOSIDADES

✳ Nossa Senhora das Mercês é a padroeira de Barcelona, na Espanha. Nessa cidade foi construído o primeiro templo dedicado a ela, em 1249, na Casa-Hospital de Santa Eulália.

✳ Pedro Nolasco e Raimundo Peñaforte foram denominados santos pela igreja católica.

NOSSA SENHORA DA MISERICÓRDIA

CELEBRAÇÃO: **16 de novembro**

A tradição cristã associa Nossa Senhora da Misericórdia ao sentimento de Maria quando Jesus, no alto do calvário, lhe entregou a humanidade sofredora e recomendou à Mãe que procurasse diminuir os sofrimentos das pessoas. Nessa representação a Virgem é invocada com o título Mater Misericordiae – Mãe da Misericórdia – e saudada com Salve Rainha, Mãe de Misericórdia.

Em Portugal, sua devoção se consolidou no século 15 através da rainha Leonor Lencastre, viúva de D. João II, que fundou em Lisboa a Irmandade de Nossa Senhora da Misericórdia, precursora de outras "casas de Misericórdia", que deram origem às Santas Casas de Misericórdia.

Estes locais ofereciam assistência permanente a pobres, doentes, órfãos e desprotegidos. A irmandade também gerenciava desde então hospitais e hospedarias, providenciava auxílio a viúvas e moças sem dotes para se casar, promovia funerais e ajudava presos e condenados.

CURIOSIDADES

✳ No Brasil a primeira Casa de Misericórdia foi aberta na cidade de Santos (SP), pelo navegador português Brás Cubas, no século 16, segundo os moldes das instituições em Portugal.

✳ Uma das tradições mais fortes da Irmandade da Misericórdia dizia que se o condenado à "morte natural" na forca sobrevivesse e fosse coberto com a bandeira da irmandade seria perdoado. Conta-se que às vezes os membros da fraternidade providenciavam para que a corda fosse desfiada antes do enforcamento.

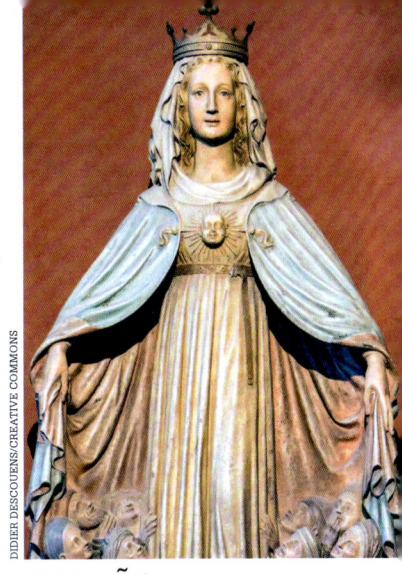

ORAÇÃO

Ó Virgem e Mãe, que acolhestes em Vós o dom do Pai Eterno, a Divina Misericórdia encarnada na pessoa de Jesus Cristo, aceitai também em vosso coração a nós, como vossos filhos. A Deus nos dirigimos, por vossa intercessão, ó Mãe da Misericórdia, implorando que nos abençoeis e santifiqueis, protegendo-nos das tentações do mal, da guerra, da doença e da fome; e ajudando-nos a viver sob vossa orientação e custódia. Concedei que os Raios da Divina Misericórdia envolvam nosso coração, para que haja nele lugar para o amor ao próximo, levando ao mundo inteiro a Misericórdia. O Vosso auxílio nós pedimos, para que conduzais a Deus a nossa prece, a fim de que Jesus-Misericórdia seja o habitante perpétuo de nossa alma, inspirando-nos e amparando-nos sempre. Ó Mãe da Misericórdia, despertai em nós os sentimentos de perene gratidão, para que, sob vossa invocação reunidos, ergamos a Deus-Misericórdia nossas preces e louvemos seu nome para sempre. Amém

NOSSA SENHORA DE NAZARÉ

CELEBRAÇÃO: **8 de setembro**

A devoção a Nossa Senhora de Nazaré surge nos primeiros anos do Cristianismo. As tradições afirmam que essa imagem de Maria foi esculpida em madeira pelo próprio São José, na cidade de Nazaré, na Galileia, pintada por Lucas Evangelista.

A santa teria permanecido em Nazaré até o final do século 4, quando o imperador romano Constantino se converteu ao Cristianismo e o transformou na religião oficial de Roma. O imperador, então, transferiu a capital do império para Bizâncio e a chamou de Constantinopla – atual Istambul, na Turquia.

Porém, os sucessores de Constantino começaram a perseguir o culto das imagens. Um monge do convento de Nazaré conseguiu tirar a estátua da capela, fugindo para a África para entregá-la a Santo Agostinho, bispo de Hipona, hoje Argélia. Mais tarde, a santa foi levada para o mosteiro de Cauliniana, na Espanha, região de Mérida, onde ficou até o século 8, recebendo a veneração dos fiéis devido a seus milagres.

CURIOSIDADES

✳ No Brasil, o primeiro templo dedicado a Nossa Senhora de Nazaré foi erguido em Saquarema (RJ).

✳ Em 8 de setembro de 1630, após uma grande tempestade, a imagem da Virgem foi arrancada de uma choupana com a força das chuvas e atirada nos rochedos perto do mar. Pela manhã, os pescadores de Saquarema a colocaram de volta. Após outra noite de temporal, a santa amanheceu novamente sobre as rochas. O fato influenciou pescadores e autoridades a construir a Igreja Nossa Senhora de Nazareth.

ORAÇÃO

*Ó Virgem mãe amorosa,
Senhora de Nazaré,
Mulher humilde e serva
do senhor, que foi escolhida,
entre todas as mulheres,
para ser a Mãe do Salvador,
ensinai-nos a cumprir
a vontade de Deus,
como fizestes.
Sede presença em nossas
vidas, pois sabemos que
por todos os caminhos
derramais graça e beleza,
transformando as durezas
em suavidade de flores.
Como o Arcanjo são Gabriel,
queremos saudar-vos,
"Ave, Maria, cheia de graça",
Nossa Senhora de Nazaré,
dai-nos a bênção!
Amém*

NOSSA SENHORA DAS NEVES

CELEBRAÇÃO: **5 de agosto**

A devoção a Nossa Senhora das Neves tem uma história curiosa. No século 4 vivia em Roma um nobre casal. Como eles não tinham herdeiros, decidiram deixar sua imensa fortuna à glória de Deus. Na madrugada de 5 de agosto, Maria lhes apareceu em sonho dizendo que eles deveriam construir um templo em sua honra em uma das sete colinas da cidade.

Como prova de fé, Nossa Senhora afirmou que o local indicado amanheceria coberto de neve, mesmo sendo o auge do verão. No dia seguinte, o monte Esquilino estava branco por uma nevasca fora de época. A promessa foi cumprida e Roma ganhou a Basílica de Santa Maria Maggiore, considerada a maior das igrejas dedicadas à Mãe de Jesus na capital da Itália.

Edificada sobre um templo pagão, a basílica foi construída sob as ordens do papa Libério, sendo denominada de Nossa Senhora das Neves devido ao fenômeno climático.

CURIOSIDADES

✳ No Brasil, Nossa Senhora das Neves é padroeira de João Pessoa, capital da Paraíba. Ela também é cultuada no Espírito Santo e em Olinda, Pernambuco.
✳ Na Basílica de Santa Maria Maggiore, em Roma, todos os anos, em 5 de agosto, o "milagre de neve" é relembrado. Durante a celebração, os fiéis são cobertos por uma cascata de pétalas brancas que desce do teto.

ORAÇÃO

Ó Maria, Senhora das Neves,
Mãe de toda a humanidade.
Venho do tumultuo e
corre-corre do mundo.
O cansaço invade todo o corpo
e principalmente a alma.
É tão difícil aceitar em paz
o que acontece ao redor
da gente, durante um dia
de trabalho e de luta.
Por isso eu venho a ti,
ó Mãe, porque dentro de mim
está uma criança insegura.
Mas junto a ti, sinto-me
forte e confiante.
Renova-me completamente
para que eu consiga
ver como a vida é bela.
Levanta-me para que eu
possa caminhar sem medo.
Dá-me a tua mão para que
eu acerte sempre o caminho.
Dá-me tua benção e faz-
me compreender que
o apostolado sem silêncio
é alienação; e que o
silêncio sem apostolado
é puro comodismo.
Ajuda-me a dizer "SIM",
sempre que o Bom Jesus,
teu Filho, pedir algo de mim.
Que assim seja, em nome de
Deus, de Nosso Senhor Jesus
Cristo e do Espírito Santo.
Amém

NOSSA SENHORA DA PIEDADE

CELEBRAÇÃO: **15 de agosto**

Nossa Senhora da Piedade é aquela que se apresenta com seu Filho Jesus morto nos braços após o suplício do Calvário. Sua mais antiga representação em Portugal era pintada em madeira e ficava em uma das capelas do claustro da Sé, em Lisboa. A imagem pertencia a uma irmandade cuja função principal era enterrar os mortos, visitar e confortar os prisioneiros e acompanhar os criminosos condenados à morte no caminho da forca.

Segundo a tradição portuguesa, Nossa Senhora da Piedade de Merceana apareceu no tronco de uma árvore, no início do século 12. Conta-se que um agricultor percebeu que um dos bois de sua manada sumia todos os dias no mesmo horário, voltando pouco tempo depois. Ao seguir o animal, o lavrador o avistou debaixo de um carvalho. O boi estava ajoelhado, olhando para um dos galhos, onde havia uma pequena imagem da santa, que mais tarde seria colocada numa capela construída naquele local.

A adoração à Piedade chegou ao Brasil pelo estado de Minas Gerais com os bandeirantes. Desde então, a devoção se espalhou pelas terras mineiras, com destaque para o Santuário da Serra da Piedade, em Caeté.

CURIOSIDADES

✳ **A famosa obra Pietá, de Michelangelo, pode ser admirada na Basílica de São Pedro, no Vaticano, em Roma, na Itália. O realismo da escultura feita em 1490 convida os fiéis a se unirem à tristeza e ao luto de Maria após a morte do seu filho Jesus.**

✳ **Essa representação de Maria foi o emblema das Casas de Misericórdia, criadas por iniciativa de Frei Miguel de Contreiras, em Portugal, no século 16.**

ORAÇÃO

Santíssima e Imaculada Virgem Maria, Mãe da Piedade, Padroeira e Senhora nossa, Recorro à vossa proteção e a vós consagro minha vida de discípulo(a) missionário(a). Em vosso coração, Mãe Compassiva, deposito agora, confiante, minhas súplicas e necessidades (silêncio para fazer pedido de graça) Alcançai-me o que vos peço, guardai-me na paz, livre de perigos e ciladas, comprometido com a justiça, exemplar na solidariedade, para que o mundo creia e se abra ao amor de Deus, Pai, Filho e Espírito Santo. Amém!

NOSSA SENHORA DOS PRAZERES

CELEBRAÇÃO: **15 de agosto**

O culto a Nossa Senhora dos Prazeres começou em Portugal, no século 15, e é uma referência às sete alegrias de Maria. Conta-se que uma imagem da Virgem apareceu junto à fonte da quinta dos Condes de Alcântara.

Após o aparecimento, curas milagrosas começaram a acontecer com as pessoas que bebiam daquela água. Logo a notícia se espalhou, transformando a fonte em um lugar de peregrinação.

Pouco depois, a Virgem apresentou-se a uma menina com a mensagem de que naquele local deveria ser construída uma capela onde ela seria reverenciada com o nome de Nossa Senhora dos Prazeres. Quando a pequena igreja ficou pronta, a imagem da santa, feita em alabastro, foi entronizada no altar.

CURIOSIDADES

❊ Os sete prazeres, ou alegrias, de Nossa Senhora são: a anunciação do anjo Gabriel; a saudação de sua prima Isabel "Bendita és tu entre as mulheres e bendito é o fruto do teu ventre!" (Lc 1, 42); o nascimento de Jesus; a visita dos Reis Magos; o encontro com Jesus adolescente no templo; a aparição de Jesus ressuscitado e a coroação de Maria no céu.

❊ No Brasil sua devoção é bastante popular em Pernambuco, Alagoas, Santa Catarina e Minas Gerais.

ARQUIVO PASCOM MACEIÓ

ORAÇÃO

*Nossa Senhora dos Prazeres,
nossa Mãe querida, lembrando-me de vossas grandes alegrias:
A Anunciação do Senhor, a visita à vossa prima Santa Isabel,
O Nascimento do Menino Deus, a adoração dos Magos ao vosso Divino Filho,
O encontro de Jesus no templo,
a Ressurreição de Cristo e a vossa gloriosa Assunção,
queremos pedir a vossa intercessão por nós e pelas nossas famílias junto a Deus.
Que Ele nos livre das doenças e dos perigos, do desemprego e da desunião.
Nossa Senhora dos Prazeres,
ajudai-nos a sermos bons seguidores do vosso adorado Filho, lendo e refletindo a Bíblia Sagrada, alimentando-nos de Jesus na Eucaristia e participando ativamente de nossa comunidade.
Queremos viver o mandamento do amor para com todos e caminhar em nossa vida dentro da justiça, colaborando para a construção da paz e da fraternidade.
Amém*

NOSSA SENHORA DO ROSÁRIO

CELEBRAÇÃO: **7 de outubro**

Conta a tradição que no século 13 surgiu no sul da França um grupo de homens violentos, dirigidos por dois senhores feudais da cidade de Albi. Eles começaram a queimar as igrejas, profanar as imagens dos santos e perseguir os católicos, espalhando o terror.

Auxiliado por alguns sacerdotes, o cônego São Domingos de Gusmão foi encarregado pelo papa Inocêncio III de combater os hereges. Desesperado com a dificuldade da missão, o santo implorava pelo auxílio de Deus. Certo dia, enquanto rezava em sua cela, Maria lhe apareceu e lhe ensinou a rezar o Rosário. São Domingos seguiu a recomendação da Virgem e, em pouco tempo, conseguiu executar sua tarefa.

Mais tarde, ele fundou a Ordem dos Irmãos Pregadores, ou dominicanos, com a missão de propagar a devoção a Nossa Senhora do Rosário. A consagração definitiva do rosário veio através da vitória dos cristãos contra os turcos na batalha naval de Lepanto, ocorrida no Mar Mediterrâneo, a 7 de outubro de 1571. O papa Gregório XIII reconheceu o rosário como a arma da vitória.

CURIOSIDADES

✻ De acordo com historiadores, o objeto que chamamos de terço já existia muito antes da devoção do rosário. No catolicismo, o costume de usar pedrinhas ou sementes unidas umas às outras para manter a concentração nas orações existe desde o século 7.

✻ Há indícios bíblicos para a escolha da rosa como o emblema de Nossa Senhora. A oração do rosário seria como uma guirlanda de rosas oferecida a Maria.

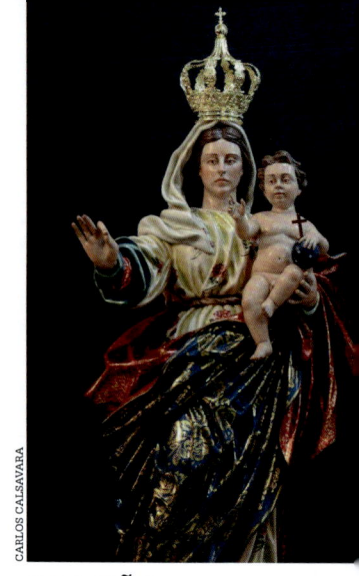

ORAÇÃO

*Nossa Senhora do Rosário, dai a todos os cristãos a graça de compreender a grandiosidade da devoção do Santo Rosário, na qual, à recitação da Ave Maria se junta a profunda meditação dos santos mistérios da vida, morte e ressurreição de Jesus, vosso Filho e nosso Redentor. São Domingos, apóstolo do rosário, acompanhai-nos com a vossa bênção, na recitação do terço, para que, por meio desta devoção a Maria, cheguemos mais depressa a Jesus e, como na batalha de Lepanto, Nossa Senhora do Rosário nos leve a vitória em todas as lutas da vida; Por seu Filho, Jesus Cristo, na unidade do Pai e do Espírito Santo.
Amém*

NOSSA SENHORA DO ROSÁRIO DOS PRETOS

CELEBRAÇÃO: **7 de outubro**

Nos séculos 15 e 16, em Portugal, há registros das primeiras Irmandades de Nossa Senhora do Rosário destinadas exclusivamente aos homens negros, segregados das igrejas dos brancos. No Brasil, segundo a Fundação Cultural Palmares, das 4 milhões de pessoas trazidas da África para o trabalho escravo, 75% eram do grupo étnico banto, vindos de Angola, do Congo e da República Democrática do Congo.

Destes países surgiu a devoção dos africanos escravizados a essa representação de Maria. Conta-se que a imagem da santa teria aparecido nas águas do mar na costa de Angola. Os europeus ficaram impressionados e feito homenagens para vê-la sair das águas, sem nenhum sucesso. Então, pediram ajuda aos nativos que, ao tocarem os tambores e dançarem com os pés descalços na areia, comoveram a santa, que veio para a praia.

Outra lenda conta que um cativo olhava para o mar, triste com sua condição de escravo. Ele começou a rezar em louvor à Virgem e teve as suas lágrimas transformadas em sementes, que serviram para confeccionar Rosários de Nossa Senhora.

ORAÇÃO

Ó Deus, cujo Filho Unigênito com sua Vida, Morte e Ressurreição nos alcançou o prêmio da Vida Eterna; Concedei-nos, nós Vos pedimos que, recordando estes Mistérios no Sacratíssimo Rosário da Bem Aventurada Virgem Maria, imitemos o que eles encerram e alcancemos o que prometem. Por Nosso Senhor Jesus Cristo, Vosso Filho, na unidade do Espírito Santo. Amém

CURIOSIDADES

✳ Especialmente em Minas Gerais, os africanos libertos ou cativos associavam-se em Confrarias do Rosário. As Irmandades religiosas tinham o objetivo de fortalecer a fé e prestar assistência social aos membros. Além disso, conseguiam manter a identidade cultural africana ao eleger um Rei e uma Rainha negros para festejar a santa.

✳ A primeira Festa do Rosário foi realizada em Olinda (PE), em 1645.

NOSSA SENHORA DE SCHOENSTATT

CELEBRAÇÃO: **18 de outubro**

Foi às margens do rio Reno, na cidade alemã de Vallendar, que teve origem a devoção à Nossa Senhora de Schoenstatt. Em 18 de outubro de 1914, o padre José Kentenich, ao fazer uma palestra aos alunos do Seminário em Schoenstatt, convidou os seminaristas para rezar, se consagrarem a Maria e oferecerem a Ela sacrifícios, especialmente pela autoeducação.

O desejo do religioso era que a capelinha da congregação, então consagrada a São Miguel, se tornasse um santuário de graças, núcleo de um movimento de renovação que se espalhasse por todo o mundo. A singela igreja deveria tornar-se um local de manifestação das glórias de Nossa Senhora, especialmente de sua ação como educadora.

Em 1915, a imagem da santa adorada na capela recebeu o nome de Mãe Três Vezes Admirável. No decorrer da história o título se ampliou para Mãe, Rainha e Vencedora Três Vezes Admirável de Schoenstatt, mais conhecida no Brasil como Mãe e Rainha. Hoje, o Movimento de Schoenstatt está presente em mais de 100 países, nos cinco continentes.

ORAÇÃO

Mãe, Rainha e Vencedora
Três Vezes Admirável
Mostra-Te Mãe na minha vida
Toma-me nos Teus braços,
toda vez que sou frágil
Mostra-Te Rainha e faz do
meu coração o Teu trono
Reina em tudo o que eu fizer
Eu Te coroo como Rainha
dos meus empreendimentos,
dos meus sonhos
e dos meus esforços
Mostra-Te vencedora no
meu dia a dia, esmagando
a cabeça da serpente do mal,
nas tentações que me afligem
Vence em mim o egoísmo,
a falta de perdão, a
impaciência, a falta de fé,
de esperança e de amor
Tu és Três Vezes Admirável
Eu sou mil vezes miserável
Converte-me Mãe,
para a glória de
Teu Filho Jesus
Amém

CURIOSIDADES

✱ **A coroação da Mãe, Rainha e Vencedora Três Vezes Admirável de Schoenstatt tem uma caminhada histórica. Em 1939, no começo da Segunda Guerra Mundial, padre Josef Kentenich coroou a imagem da Virgem no Santuário de Schoenstatt, também conhecido como Santuário Original. A partir daí, surgiu uma corrente de coroações na Obra de Schoenstatt.**

✱ **O Santuário de Schoenstatt em Atibaia, interior de São Paulo, recebe anualmente milhares de peregrinos.**

NOSSA SENHORA DA VITÓRIA

CELEBRAÇÃO: **8 de fevereiro**

A invocação da Virgem da Vitória era conhecida em Portugal desde o século 14, quando o rei D. João I, grato a Maria pela vitória alcançada na Batalha de Aljubarrota contra os castelhanos, mandou construir um mosteiro e um templo no local do combate, no distrito de Leiria.

Em 1571, foi atribuída à intercessão da santa outra vitória, quando a esquadra cristã conseguiu triunfar sobre os turcos na batalha naval de Lepanto, afastando do continente europeu o avanço dos muçulmanos. Na ocasião, o papa Pio V, em sinal de gratidão, deu à Nossa Senhora o título "da Vitória".

No Brasil, Tomé de Sousa, o primeiro governador-geral do país, fundou a cidade de Salvador em 1549. Na época já havia uma capela da Vitória, erguida quando os primeiros portugueses a desembarcar na Bahia derrotaram os nativos brasileiros.

CURIOSIDADES

✳ A santa francesa Teresinha de Jesus, ou Teresa Lisieux, nascida em 1873, era devota de Nossa Senhora da Vitória e a ela rendia graças na Basílica de Notre Dame des Victoires, em Paris.

✳ Conta-se que santa se recuperou de uma enfermidade muito grave durante uma novena oferecida à Senhora das Vitórias. Na Basílica, construída em 1629, podem ser admiradas diversas colunas de mármore cobertas com mais de 37 mil ex-votos gravados com agradecimentos e relatos de milagres. Dois deles são palavras da própria Teresinha.

ORAÇÃO

Santíssima Virgem Maria, Nossa Senhora das Vitórias, filha dileta de Deus Pai, Mãe de Jesus, nosso Salvador, tabernáculo do Espírito Santo, eis-me aqui diante de vossa imagem, para consagrar-me inteiramente a vós.
Trago-vos, Senhora, minha vida, meu trabalho, os sofrimentos e as alegrias, as lutas e as esperanças, tudo que tenho e que sou para oferecer ao vosso filho por vossas mãos de Mãe. Sou todo vosso, ó Maria. Peço vossa proteção para nunca abandonar a fé católica, traindo a Jesus. Conservai-me na graça de vosso divino Filho. Dai-me força para viver de verdade o amor fraterno e assumir minha responsabilidade de cristão no mundo.
Ó Senhora das Vitórias, aceitai-me como filho(a) e guardai-me sob o vosso manto protetor. Amém!

AS DEVOÇÕES MARIANAS NAS 5 REGIÕES DO BRASIL

Viagens motivadas pela fé sempre fizeram parte do universo cristão. No Brasil, a prática de peregrinações e romarias é realizada há séculos e está na essência da consolidação do catolicismo. Com o passar dos anos vários interesses distintos confluíram e possibilitaram a formação de estruturas turísticas para receber visitantes e peregrinos: as igrejas e as festas populares.

Os templos costumam atrair turistas de todas as religiões devido à beleza de sua arquitetura, os ricos ornamentos, as obras de arte e as histórias guardadas em suas naves. São relatos que contribuíram para a formação de nosso povo e a fundação de várias capitais brasileiras.

O catolicismo semilaical de nossas origens portuguesas passou por diversas fases até chegar aos dias atuais. Cada região, conforme recebia as influências europeias, foi se moldando para contemplar diversas devoções a Nossa Senhora. No **Nordeste**, Pedro Américo Maia, autor do livro *História das congregações Marianas no Brasil* (1992), destaca que a primeira igreja construída pelos jesuítas, na Bahia, teve o título de Nossa Senhora da Ajuda. Ali também está outra tradição religiosa herdada de Portugal: as Irmandades de brancos e negros.

Na região **Sudeste**, destacam-se as igrejas de Minas Gerais, base de artistas que deram uma face "abrasileirada" às representações de Nossa Senhora. Durante o século 18, Valentim da Fonseca e Silva, conhecido como Mestre Valentim, e Antônio Francisco Lisboa, o Aleijadinho, esculpiram madonas com rostos claramente mestiços, como eles próprios, exemplos da miscigenação racial brasileira. Por meio da arte, Virgens do Rosário, anjos e alguns santos apresentavam faces e mãos negras, exaltando uma liberdade de imaginação religiosa que ainda não existia na vida cotidiana.

Da mesma maneira, a Igreja Católica está enraizada na cultura do **Norte,** mesclando as influências indígena, portuguesa e ibérica. Em Belém ocorre um dos mais representativos fenômenos da fé católica no Brasil: o Círio de Nazaré, celebrado em outubro, na Basílica de Nossa Senhora de Nazaré, desde 1793. Atualmente, a festa reúne mais de 2 milhões de fiéis em seu cortejo principal.

Já na região **Sul**, padres jesuítas espanhóis foram os primeiros a se estabelecer, organizando os aldeamentos de indígenas nas famosas Missões Jesuíticas. A partir de 1740, iniciou-se o povoamento sistemático com a vinda dos portugueses açorianos para se instalar em Santa Catarina.

Mais recentemente o **Centro-Oeste** passou por uma expansão com a criação de Brasília, na década de 1950. Das pranchetas de Lúcio Costa e Oscar Niemeyer nasceram os edifícios da nova capital federal, incluindo as igrejas. A Catedral Metropolitana Nossa Senhora Aparecida é exemplo de que a arquitetura de traços arrojados foi igualmente aplicada com sucesso em locais de fé. Aproveite essa diversidade que os templos oferecem!

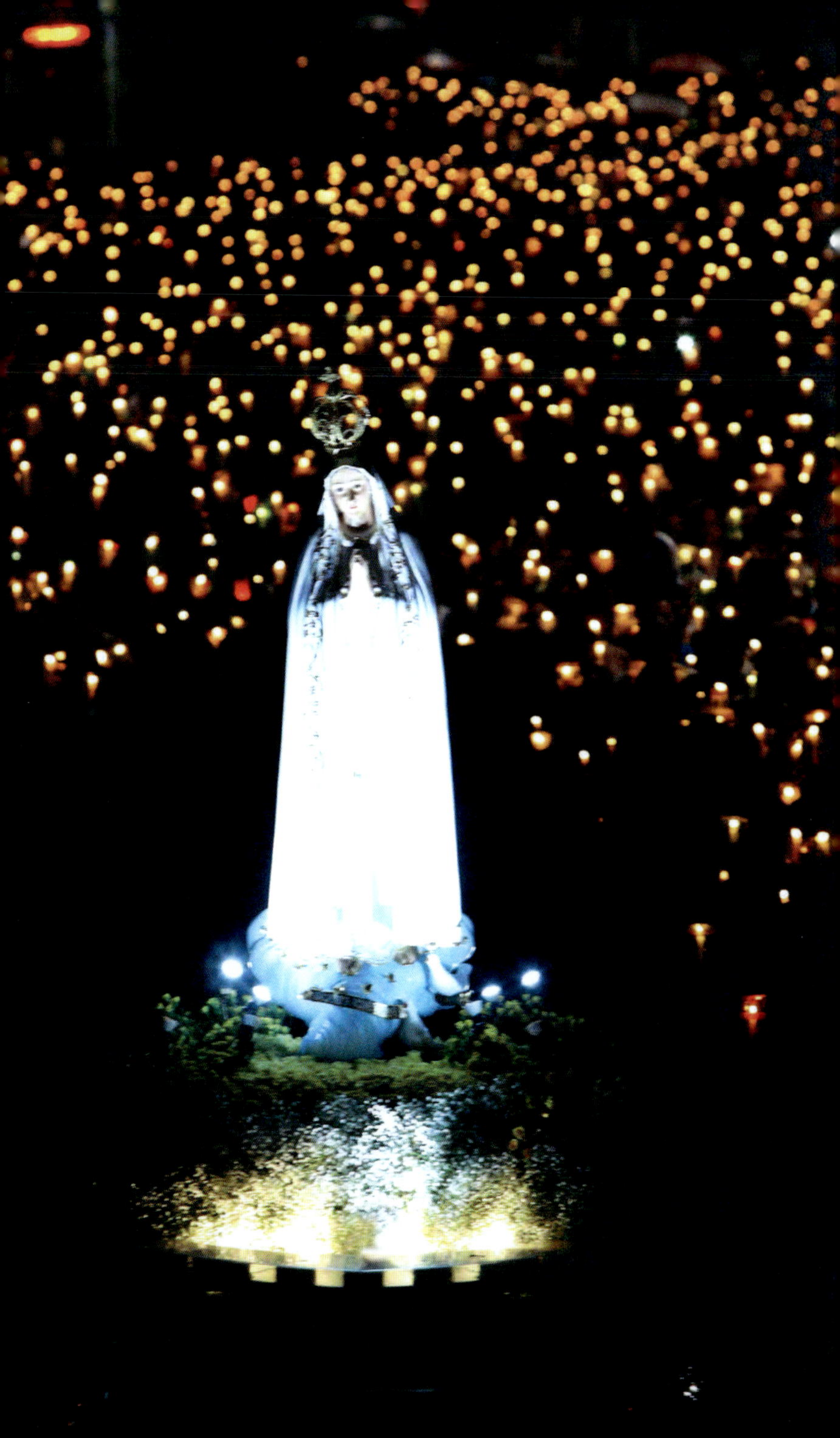

Basílica de Nossa Senhora Aparecida, a Padroeira do Brasil

Em forma de cruz, a grandiosa construção da Basílica de Nossa Senhora Conceição Aparecida é um local de acolhimento para mais de 12 milhões de devotos que visitam o Santuário Nacional anualmente. Os fiéis querem ver e homenagear a santa negra que veio das águas há 300 anos. A maior basílica dedicada à Virgem Maria no mundo fica na cidade de Aparecida (SP), no Vale do Paraíba, a 180 quilômetros de São Paulo e a 265 quilômetros do Rio de Janeiro.

A BASÍLICA VELHA (1846/1888)

A construção em taipa de pilão da primeira igreja em homenagem à Mãe Aparecida, como ficou conhecida, foi aprovada em 1743. Em 1844, o local apresentou risco de desmoronamento e a criação de um novo templo se tornou urgente. A partir de 1846, uma igreja em estilo barroco ❶ começou a tomar corpo, sendo concluída em 1888.

Durante os anos 1890 a Basílica passou por diversas transformações, muitas delas derivadas da recente separação entre a Igreja e o Estado, o que tornava necessária a ajuda de mais religiosos para trabalhar na crescente Vila de Aparecida.

Em 1894, padres Missionários Redentoristas chegaram da

SÃO PAULO

A BASÍLICA E OS PAPAS

✳ Três papas visitaram o Santuário Nacional: João Paulo II, em 1980 ❷; Bento XVI, em 2007, quando abriu a V Conferência Episcopal Latino-Americana; e Francisco, em 2013, por ocasião das atividades da Jornada Mundial da Juventude.

✳ Dois pontífices presentearam o Santuário com uma Rosa de Ouro, prova de estima do Vaticano. A primeira rosa chegou em 1967, enviada pelo papa Paulo VI por ocasião do Jubileu de 250 anos do encontro da imagem. A outra foi entregue pessoalmente por Bento XVI durante sua visita.

Alemanha para cumprir essa função. Daquela época até os dias de hoje, eles são os responsáveis por cuidar da pastoral, da administração e da recepção aos romeiros e peregrinos.

O NOVO SANTUÁRIO (1955/1982)

A pedra fundamental da Basílica Nova foi lançada em 10 de setembro de 1946, com projeto do arquiteto Benedito Calixto de Jesus Neto, mas o início efetivo das obras só aconteceu em 1955. Finalmente, em 3 de outubro de 1982, houve a transladação da imagem da antiga basílica para a nova. Naquele momento, as atividades religiosas passaram a ser realizadas no santuário recém-inaugurado.

A Basílica Nova foi consagrada pelo Papa João Paulo II, em 1980. Três anos depois, a Conferência Nacional dos Bispos do Brasil (CNBB) declarou a Basílica de Aparecida como Santuário Nacional. A visitação ao novo templo não diminuiu a frequência dos devotos na igreja antiga. Para facilitar a circulação dos romeiros entre as duas, em 1971 foi inaugurada a Passarela da Fé, com 392 metros de comprimento, a 35 metros de altura do chão em seu ponto mais alto.

MILAGRES E EX-VOTOS

✷ Um ex-voto católico é todo objeto doado por um devoto como pagamento de uma promessa feita a um santo, ou mesmo antes de considerar-se agraciado, em antecipação ao milagre. A primeira igreja de Aparecida, erguida em 1745, já tinha uma pequena sala dos milagres.

✷ Em 1974 a Sala dos Milagres ❹ foi instalada no subsolo da Basílica Nova onde os ex-votos são catalogados por temas. Ao longo de três séculos o Santuário recebeu milhares de objetos e hoje, cerca de 22 mil ofertas são registradas por mês. Na Sala, há cerca de 70 mil fotografias em exposição ❺.

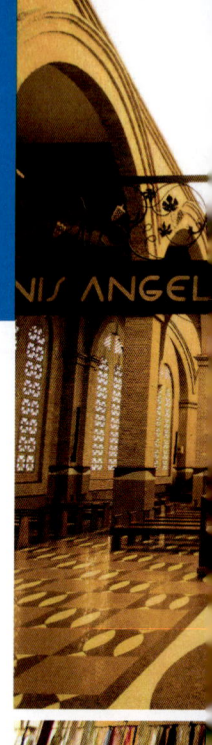

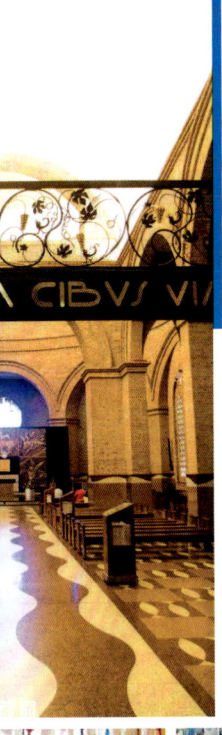

DETALHES DE FÉ

✳ Em 1953, a Conferência Nacional dos Bispos do Brasil (CNBB) determinou que a festa da Padroeira fosse celebrada no dia 12 de outubro, antes comemorada em 8 de dezembro, dia de Nossa Senhora da Conceição.

✳ A cada final de semana são retiradas cerca de 10 toneladas de parafina que sobram das velas derretidas no interior da Capela das Velas.

✳ Mais de 3 milhões de hóstias consagradas são distribuídas anualmente para os fiéis.

✳ O interior da basílica tem 25 mil m² e reúne até 40 mil fiéis. Nas celebrações externas a capacidade é de 300 mil pessoas ❸.

✳ O Santuário tem rádio, emissora de TV, editora e jornal dedicados à Nossa Senhora Aparecida. No portal a12.com os fiéis podem fazer uma visita virtual à basílica, além de acompanhar ao vivo os serviços religiosos.

✳ Dois roteiros de peregrinação a pé levam a Aparecida: a Rota da Luz e o Caminho da Fé. O primeiro sai de Mogi das Cruzes (SP) e percorre nove cidades, em um percurso de 200 quilômetros. O Caminho da Fé tem saídas de sete municípios paulistas, como Águas da Prata. O trajeto mais longo tem 541 quilômetros.

SÃO PAULO

PROGRAME-SE

Os dias mais movimentados para ir ao Santuário são os finais de semana, feriados e datas religiosas, como a festa de Nossa Senhora Aparecida, em 12 de outubro. Se você quer fazer uma visita mais tranquila, para se dedicar à oração e evitar as filas, vá durante a semana. Se vier no mês de outubro, prepare-se com pelo menos seis meses de antecedência: as vagas nos hotéis da cidade costumam se esgotar. Use roupas e calçados confortáveis. *Avenida Dr. Júlio Prestes, s/n, Aparecida (SP) (12) 3104-1000.*

Nossa Senhora Auxiliadora, Goiânia

REGIÃO CENTRO-OESTE

Catedral Metropolitana Nossa Senhora Aparecida, Brasília

Catedral Metropolitana Nossa Senhora Aparecida
BRASÍLIA

Eixo Monumental – Esplanada dos Ministérios
Tel. (61) 3224-4073

O TEMPLO Localizada em uma praça autônoma, a Praça de Acesso, a Catedral está disposta lateralmente na Esplanada dos Ministérios, no local em que o urbanista Lúcio Costa imaginou. Projetada pelo arquiteto Oscar Niemeyer, sua pedra fundamental foi lançada em 12 de setembro de 1958. A estrutura ficou pronta em 1960 da forma como a admiramos hoje: com a área circular de 70 metros de diâmetro, da qual se elevam 16 colunas de concreto curvado. As colunas se fecham no topo e depois abrem-se novamente, com as pontas voltadas em direção ao céu, formando um desenho que lembra uma coroa. Entretanto, o templo só foi inaugurado de fato, já com os vidros externos, em 31 de maio de 1970. Na Praça de Acesso há quatro esculturas em bronze, com três metros de altura, representando os evangelistas ❶ João, Lucas, Marcos e Mateus. As estátuas são de Alfredo Ceschiatti, com a colaboração de Dante Croce. Em 1987, foi feita a primeira reforma. Nela, os vidros transparentes foram substituídos pelos vitrais atuais, confeccionados pela artista plástica franco-brasileira Marianne Peretti. Em 1990, a Catedral Metropolitana Nossa Senhora Aparecida foi tombada como Monumento Histórico e Artístico Nacional.

DETALHES DE FÉ Para ter acesso à nave é necessário seguir por uma rampa pelo subsolo. Depois de percorrer o túnel escuro, forrado de granito negro, o contraste com o interior claro e colorido proporcionado pelos vitrais verdes e azuis é surpreendente! ❷ Cerca de 36 mil pedaços de vidro formam o teto da Catedral. No interior impressionam também as três esculturas dos arcanjos bíblicos Miguel, Gabriel e Rafael. Com mais de dois metros de altura, os anjos estão suspensos por cabos de aço e passam ao visitante a sensação de que flutuam no ar. O altar foi doado pelo papa Paulo VI e a imagem da padroeira Nossa Senhora Aparecida é uma réplica da original, que se encontra na Basílica de Aparecida, em São Paulo.

DISTRITO FEDERAL

PROGRAME-SE

Ícone da capital federal, a catedral é um dos monumentos turísticos mais visitados de Brasília. As missas são celebradas de terça-feira a domingo, mas recomenda-se evitar a visitação durante o serviço religioso. O templo guarda algumas curiosidades, como sua acústica. Se o visitante ficar parado em uma lateral curva das paredes da igreja e sussurrar, quem está do lado oposto consegue ouvir tudo. Uma dica: apesar do calor do Planalto Central, visitantes com shorts ou roupas muito curtas não podem entrar no santuário.

Igrejinha Nossa Senhora de Fátima
BRASÍLIA

EQS 307/308 – Asa Sul
Tel. (61) 3242-0149

O TEMPLO A Igrejinha Nossa Senhora de Fátima foi o primeiro templo em alvenaria a ser erguido em Brasília, inaugurado em 1958. Após o lançamento da pedra fundamental em 26 de outubro de 1957, a singela capela foi construída em apenas cem dias. A pressa era uma urgência da então primeira dama, Sarah Kubitschek, em pagar uma promessa agradecendo a Nossa Senhora de Fátima pela cura de uma de suas filhas, que estava seriamente doente. Durante muitos anos a Igrejinha foi sede da Paróquia Nossa Senhora de Fátima – o atual santuário dedicado à santa ainda estava em construção.

DETALHES DE FÉ Projetada por Oscar Niemeyer, sua forma se assemelha a um chapéu de freira ❶. A capela tem uma pequena nave, sacristia e secretaria, com planta em forma de ferradura ❷. A estrutura em concreto armado é definida por três pilares triangulares que sustentam a laje de cobertura. As paredes externas são completamente revestidas com os azulejos criados por Athos Bulcão. Esse painel é o único trabalho figurativo de Athos em azulejos, com a pomba representando o Espírito Santo ❸, além da Estrela de Belém, que guiou os Reis Magos até o Menino Jesus. Os afrescos com bandeirolas e anjos de Alfredo Volpi foram cobertos por tinta em uma reforma ocorrida na década de 1960.

DISTRITO FEDERAL

PROGRAME-SE
Formas modernistas, curvas que desafiam a lógica da arquitetura e construções sem igual, Brasília é a soma dos talentos de Oscar Niemeyer, Lucio Costa, Athos Bulcão e Burle Marx. Para ter uma vista geral da cidade, a dica é fazer um city tour que percorre os principais pontos da capital do país com um ônibus turístico. Concentre-se nas atrações do Eixo Monumental: a Praça dos Três Poderes, o Palácio do Planalto, o Congresso Nacional e o Supremo Tribunal Federal. Mais adiante fica o Palácio Itamaraty, repleto de obras de arte, e a Catedral Metropolitana.

Santuário Nossa Senhora de Fátima
BRASÍLIA

SGAS 906/D Lts. 10/11 – Asa Sul
Tel. (61) 3443-2869

O TEMPLO Projetado pelo arquiteto de origem húngara Gyula Schwab, o templo recebeu a pedra fundamental em 1963. Na ocasião, a imagem de Nossa Senhora de Fátima saiu em procissão da Igrejinha Nossa Senhora de Fátima até o santuário. A primeira missa solene foi realizada em 1967. De dimensões amplas, comporta até 800 fiéis sentados e é bastante procurado para cultos ecumênicos e solenidades.

DETALHES DE FÉ De estilo eclético, é uma igreja que ostenta arcos arredondados, transversais e em sequência de nove módulos ❶. O arco frontal é imponente, com o cume de 17 metros de altura que chama a atenção de longe. Tem um grande portal no meio da parede de entrada e acima, uma pintura de Nossa Senhora de Fátima. No interior, as janelas triangulares receberam vitrais coloridos ❷ que representam três símbolos, alternados e sucessivos: terra, mar e céu. O piso romano é feito de granitina com cacos de mármore polido ❸. O presbitério tem um painel em vitral que simboliza a ressurreição de Cristo. Nos anos 1970, este espaço ganhou dois altares laterais, um para o Sagrado Coração de Jesus ❹ e outro para Nossa Senhora de Fátima ❺. A imagem da santa ali venerada foi esculpida em cedro brasileiro pelo escultor português José Ferreira Thedin, oferecida pelo governo Portugal, e entregue oficialmente ao então presidente da república, Juscelino Kubitschek.

PROGRAME-SE
Conheça o Santuário Dom Bosco, dedicado ao frei italiano São João Belchior Bosco, criador da Ordem Salesiana e padroeiro de Brasília. O templo não deve nada em esplendor à Catedral Metropolitana. O que mais chama a atenção é a luz azul que tinge todo o ambiente. É que em vez de paredes, a igreja tem vitrais em 12 tonalidades de azul, do chão ao teto. *W-3 Sul, Quadra 702, Bloco B – Asa Sul.*

DISTRITO FEDERAL

Catedral Metropolitana Nossa Senhora Auxiliadora
GOIÂNIA

Praça Dom Emanuel, s/n – Setor Central
Tel. (62) 3223-4581

O TEMPLO A criação da Paróquia de Nossa Senhora Auxiliadora de Goiânia, o primeiro templo católico da capital goiana, aconteceu em 1937. Dez anos depois, o arcebispo de Goiás, Dom Emanuel, escolheu e nomeou os membros da comissão que assumiriam a tarefa de obter os recursos financeiros para a construção da catedral. O projeto da ampliação ❶ da então simples igrejinha foi escolhido pelo próprio arcebispo, com autoria do arquiteto salesiano padre Paulo Consolini, e em maio de 1956 a catedral foi inaugurada.

DETALHES DE FÉ O estilo da catedral é o moderno-eclético ❸, com influência de alguns estilos europeus da arte sacra moderna, como o neorromântico, neobasilical e neogótico. Alguns arquitetos observam nas alterações que a planta original pretendia acrescentar à obra alguma coisa do estilo art déco, usado nos prédios da Praça Cívica, como marca de Goiânia, embora o estilo não tenha exercido influência sobre a arte sacra. A imagem de Nossa Senhora Auxiliadora ❷, venerada na catedral desde 1942, veio da igreja de mesma devoção no bairro do Bom Retiro, em São Paulo. Em 1991, o templo recebeu a visita do papa São João Paulo II.

GOIÁS

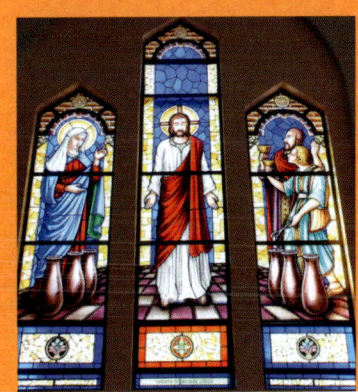

PROGRAME-SE
Prove os sabores da cozinha goiana. De suas panelas saem ingredientes locais, preparos indígenas e a influência dos paulistas, que buscaram ouro em Goiás no século 18. Muitas receitas típicas incluem o pequi, um fruto do Cerrado. Ele é usado na galinhada e na composição de um licor digestivo servido após as refeições. Muito cuidado ao comer arroz com pequi, pois o fruto esconde espinhos abaixo da polpa! Confira também as influências da arquitetura art déco no Museu Pedro Ludovico. Construído na década de 1930, o belo casarão em estilo art déco foi por mais de 40 anos a residência de Pedro Ludovico, que governou o estado entre 1930 e 1945, e de 1951 a 1954. A casa preserva um acervo da vida familiar e política do fundador da capital goiana e de sua esposa, Gercina Borges Teixeira. Observe um conjunto de quase 2 mil peças entre mobiliário, porcelanas, roupas e objetos pessoais, além de um arquivo com mais de mil fotografias.
R. Dona Gercina B. Teixeira, Quadra 47 – Setor Central.

Santuário Eucarístico Nossa Senhora do Bom Despacho
CUIABÁ

R. Clóvis Huguenei, 98 – Dom Aquino
Tel. (65) 3055-1315

O TEMPLO O Santuário Eucarístico Nossa Senhora do Bom Despacho fica no alto do Morro do Seminário e chama a atenção por seu estilo neogótico, inspirado na Catedral de Notre Dame de Paris, na França. A igreja começou a ser construída no início do século 20, em 1918, e foi erguida com doação dos fiéis. Apesar disso, estima-se que sua origem seja no século 18. Pesquisadores dizem que o local abrigava uma pequena capela há pelo menos três séculos. É tombada pelo Patrimônio Histórico estadual desde 1977, juntamente com o Seminário da Conceição.

DETALHES DE FÉ A arquitetura da Igreja do Bom Despacho é classificada como neogótica ❶ e entre as características mais marcantes do estilo estão os grandes vitrais importados da Bélgica que permitem a entrada de luz no interior do templo. Uma curiosidade sobre o santuário católico é sua localização. Se for traçada uma linha imaginária que liga a Catedral Basílica Bom Jesus de Cuiabá, a Igreja Nossa Senhora do Rosário e São Benedito e a igreja Nossa Senhora do Bom Despacho, é formado um triângulo. São eles: Pai, Filho e Espírito Santo, ou seja, uma representação de Deus na liturgia cristã.

MATO GROSSO DO SUL

PROGRAME-SE
Aberto em 1980, anexo ao prédio do santuário, fica o Museu de Arte Sacra, que expõe artefatos dos séculos 17 a 20. Lá estão reunidas diversas peças do período setecentista, remanescentes da antiga Catedral do Senhor Bom Jesus, demolida em 1968, e da Igreja de Nossa Senhora do Rosário e São Benedito. As coleções do acervo são compostas de alfaias, pratarias, imagens, paramentos, retábulos e indumentárias religiosas utilizadas durante os sacramentos católicos. Há, ainda, mobiliário e documentos.

Igreja de Nossa Senhora do Rosário e São Benedito
CUIABÁ

Praça do Rosário, s/n – Centro
Tel. (65) 3322-5473

O TEMPLO A igreja é um dos marcos de fundação da cidade de Cuiabá. A construção original, em taipa de pilão, começou por volta de 1730 ❶. O conjunto ganhou a capela dedicada a São Benedito por volta de 1760 durante uma reforma para a ampliação do templo. A capelinha ficava perto das águas do Córrego da Prainha, em cujas águas o agricultor Miguel Sutil descobriu, por acaso, as minas de ouro que impulsionariam a colonização da região. Com a descoberta do metal precioso toda a população se transferiu para perto da água, nas proximidades de onde seria construída no futuro a igreja de Nossa Senhora do Rosário e a capela de São Benedito. Ao longo dos séculos o santuário passou por diversas intervenções, incluindo uma que transformou sua fachada entre as décadas de 1920 e 1980, quando a arquitetura colonial foi resgatada.

DETALHES DE FÉ A fachada do templo, de grande simplicidade, é típica da arquitetura colonial brasileira. No interior, destaca-se a decoração barroca-rococó nos altares ❷, com rica talha dourada e prateada, única com esses detalhes no Brasil. Os adornos da capela-mor ilustram sua relação com a exploração do ouro. Vários artefatos e ornamentos são banhados com o metal ❸. Note o altar-mor e o retábulo, um dos mais antigos do estado.

PROGRAME-SE

A Festa de São Benedito, comemorada tradicionalmente entre os dias 27 de junho a 2 de julho, é a mais longa festividade religiosa do Mato Grosso. O primeiro registro da devoção a este santo em Cuiabá foi a construção de uma capela em 1722. No início, as homenagens a São Benedito eram feitas secretamente. Com o passar dos séculos, milhares de fiéis participam de eventos culturais, missas, procissões e degustação de comidas típicas.

MATO GROSSO DO SUL

Catedral Nossa Senhora da Abadia e Santo Antônio
CAMPO GRANDE

Travessa Lydia Baís, 29 – Vila Cidade
Tel. (67) 3321-9886

O TEMPLO Em 1889, Campo Grande foi elevada à condição de vila e, em 1909, a onda de modernismo e crescimento impulsionada pela nova República chegou até a cidade, modificando o traçado das ruas e derrubando construções coloniais. A antiga capela de Santo Antônio teve de ser demolida e realocada. O projeto de reconstrução incluiu a transformação da capela em igreja matriz, como sede da paróquia, oficializada em 1912. Na época, surgiu a polêmica sobre a inclusão de Nossa Senhora da Abadia como padroeira. Essa devoção de origem portuguesa chegou a Campo Grande com os migrantes mineiros durante o século 18 e acabou se consolidando no Mato Grosso do Sul. A capital tornou-se sede do bispado em 1957 e, em 1978, sede da arquidiocese, quando a igreja foi totalmente reconstruída, já com linhas modernas. Em 1991, após nova reforma, a catedral foi reinaugurada pelo papa São João Paulo II.

DETALHES DE FÉ A igreja conta com um estilo arquitetônico moderno ❶, com grandes portais frontais e laterais. No interior, há uma nave de formato irregular com um único altar-mor. Note os belos vitrais próximos ao teto ❷.

PROGRAME-SE
Imigrantes paraguaios e japoneses deixaram sua marca na gastronomia da cidade. De influência paraguaia, prove o delicioso chipa, um pão de queijo de massa compacta em formato de meia-lua, e o tereré (chá mate gelado). Da tradição japonesa veio o sobá, uma receita que mistura macarrão com omelete desfiada, caldo de peixe e cheiro-verde. Com o tempo, foram adicionados caldo de carne, shoyu, gengibre e carne de frango, de porco ou de boi. Um bom lugar para provar tereré e sobá é na Feira Central, com diversas sobarias na praça de alimentação. *R. 14 de Julho, 3351 – Centro.*

MATO GROSSO DO SUL

Igreja da Imaculada Conceição da Mãe de Deus, Salvador

REGIÃO NORDESTE

TATIANA AZEVICHE

Catedral Metropolitana Nossa Senhora dos Prazeres
MACEIÓ

R. do Imperador, s/n – Centro
Tel. (82) 3223-2872

O TEMPLO No local onde hoje está a catedral, por volta de 1611 existia uma capela consagrada a São Gonçalo do Amarante, que fazia parte do Engenho Massayó. Em 1762, Apolinário Fernandes Padilha doou terrenos de sua propriedade para a construção de uma capela, já com a invocação de Nossa Senhora dos Prazeres, modificando o padroeiro e o nome do local, que em 1819 transformou-se na matriz da Vila de Maceió. De acordo o Instituto Histórico e Geográfico de Alagoas (IHGAL), em 1840 foi lançada a pedra fundamental em frente à pequena igreja matriz. A obra foi iniciada pela fachada, sendo concluída em 1859. Seu projeto é atribuído ao famoso arquiteto e urbanista francês Grandjean de Montigny, integrante da Missão Artística Francesa que veio ao Brasil no século 19.

DETALHES DE FÉ A arquitetura do prédio é marcada por características neoclássicas ❶, como o frontão irregular, presente no altar em alvenaria, que possivelmente substituiu o original com retábulo de madeira. A pintura do forro do teto é obra do português José Antônio Maximiano das Neves. Já o altar-mor ❷, feito em cedro, foi executado pelo entalhador Antonio Alves da Motta, que veio de Sergipe. Os dois altares das capelas laterais, de São Sebastião e São Miguel, bem como o do Santíssimo Sacramento, foram entalhados pelo artista Ignácio José de Santa Rosa. A pintura original marmorizada foi conservada apenas na capela do Santíssimo Sacramento.

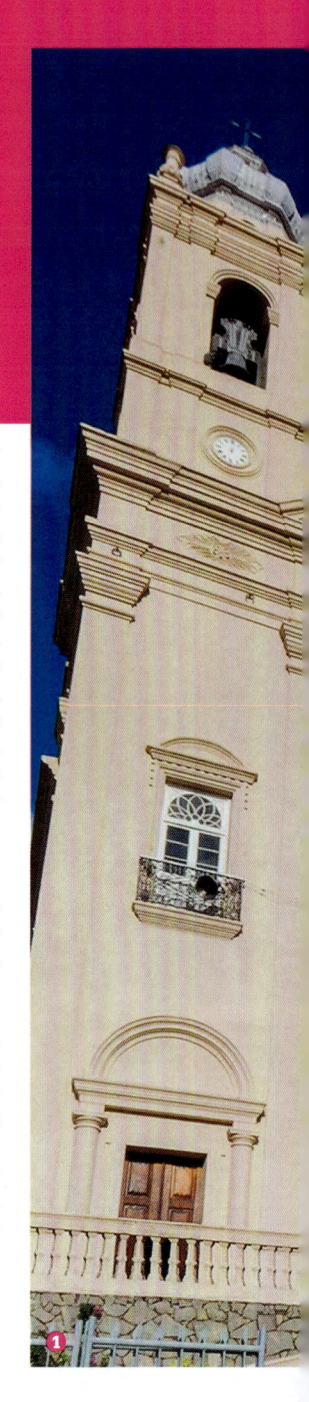

ALAGOAS

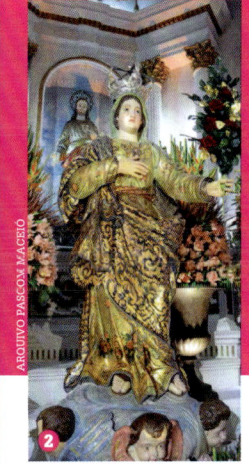

PROGRAME-SE
Todos os anos, durante a segunda quinzena de agosto, a catedral é transformada na sede de novenas, missas e procissões durante o novenário. As comemorações fazem parte das festividades de Nossa Senhora dos Prazeres. A procissão é acompanhada pela banda de música da polícia militar, carro de som e uma multidão de fiéis percorre as principais ruas do centro da cidade, retornando à matriz para a celebração da missa.

Igreja Nossa Senhora do Rosário dos Pretos
MACEIÓ

R. do Sol, S/N – Centro
Tel. (82) 3223-2982

O TEMPLO No século 19, na atual rua do Sol, existiu um cruzeiro que deu origem a uma capela e, posteriormente, à igreja de Nossa Senhora do Rosário dos Pretos. A capela foi construída em meados de 1835 pelas mãos de africanos escravizados e seus descendentes, proibidos de praticarem sua fé em outras igrejas. Em 1864, a capelinha já não comportava tantos fiéis e foi demolida para dar lugar ao santuário que vemos hoje. Ao longo dos séculos passou por diversas intervenções.

DETALHES DE FÉ De linha predominantemente neoclássica, a fachada apresenta dois aspectos que divergem do estilo: o frontão com curvas, que caracteriza o barroco brasileiro, ao contrário do triangular típico do neoclássico ❶. O segundo aspecto é o tímpano do frontão, que deveria apresentar um nicho. Seu interior é bem simples, mas chamam a atenção um lavabo de mármore, possivelmente importado de Portugal, e o altar com detalhes neogóticos ❷, indicando talvez que o anterior tenha sido demolido em alguma das intervenções feitas ao longo dos séculos. Observe o Galo Vigilante na torre da igreja. De acordo com a simbologia bíblica, o galo representa a vigilância. Por isso, é muito comum ver a ave em forma de rosa dos ventos no topo dos templos católicos.

FOTOS MARIA CÍCERA

ALAGOAS

PROGRAME-SE

Maceió tem uma das orlas mais bonitas do Brasil e essa beleza se deve, principalmente, ao mar, que muito se assemelha ao do Caribe. Três belas praias urbanas – Pajuçara, Ponta Verde e Jatiúca – ocupam seis quilômetros de orla arborizada, com ciclovia, calçadão, barracas e o mar verdinho protegido por piscinas naturais. Na capital alagoana faz calor o ano todo, entretanto os meses mais propensos a chuvas são maio e junho. Não deixe de provar o saboroso molusco sururu (ou siriri). Nas barracas de praia ou restaurantes, ele pode ser preparado na própria concha ou vendido com o nome de sururu de capote (cozido com leite de coco, molho de tomate, pimentão, coentro, cheiro-verde, azeite, cebola e alho). Os caldinhos à base de sururu também são bastante populares.

Igreja Basílica de Nossa Senhora da Conceição da Praia
SALVADOR

R. da Conceição da Praia, s/n – Comércio
Tel. (71) 3242-0545

O TEMPLO A Basílica de Nossa Senhora da Conceição da Praia era uma pequena capela em 1549, ano em que foi construída por ordem do governador do Brasil Thomé de Souza. Ainda no século 17, o templo ganhou duas confrarias de leigos: a Irmandade de São Benedito e a de Nossa Senhora do Rosário dos Pretos da Praia. A atual igreja foi reconstruída em meados do século 18 pelas Irmandades do Santíssimo Sacramento e de Nossa Senhora da Conceição, ao lado do então Arsenal da Marinha. Esse antigo porto era o local onde os navios se abasteciam de água doce, reparavam as velas e mastros e desembarcavam mercadorias. O edifício, em estilo barroco, foi feito em pedra de cantaria portuguesa no ano de 1736 ❶. É ponto de partida da procissão para a cerimônia da lavagem das escadarias da igreja do Senhor do Bonfim, que ocorre na segunda quinta-feira depois do Dia de Reis (6 de janeiro).

DETALHES DE FÉ Ao entrar no templo, olhe para cima. Você terá a sensação de observar um cenário em 3D! É que, em 1772, o pintor mestre José Joaquim da Rocha criou uma ilusão de ótica pintada a óleo no teto da basílica. Segundo historiadores, a pintura em perspectiva nos tetos das igrejas representava uma arquitetura interna que se abria para o céu. Na nave, preste atenção às capelas. No século 18, era costume cada uma das irmandades representadas na igreja se encarregarem de construir o retábulo de suas capelas. O altar-mor ficou a cargo da Irmandade de Nossa Senhora da Conceição, para que fosse colocada a imagem da padroeira ❷. A nave do templo é circundada por tribunas, que ficam posicionadas acima dos altares e tem piso revestido de mármore em diversas tonalidades. Em 1992, na capela lateral do Santo Cristo, foi sepultada a religiosa Irmã Dulce, declarada beata em 2011. Posteriormente, seus restos mortais foram transladados para o Santuário da Bem-Aventurada Dulce dos Pobres, dedicado à sua obra, mas a lápide original permanece ali, em memória da freira baiana notória por seu trabalho com os mais necessitados.

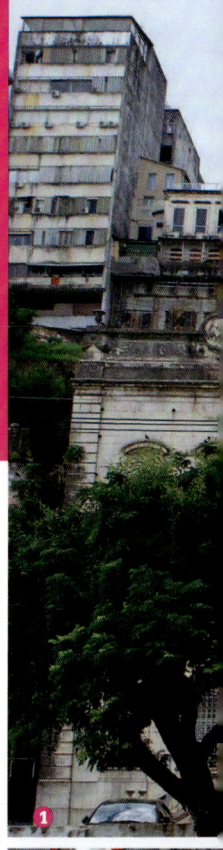

BAHIA

PROGRAME-SE
A festa de Nossa Senhora da Conceição da Praia, padroeira da Bahia, é comemorada há mais de 400 anos. A celebração acontece no bairro do Comércio e em outras cinco comunidades de Salvador. Como o sincretismo religioso entre o catolicismo e as religiões de matriz africana é muito forte, na mesma ocasião a Igreja de Nossa Senhora da Conceição da Praia também congrega adeptos do candomblé, que se juntam às festividades vestidos de amarelo para homenagear Oxum, orixá conhecida como a mãe das águas doces.

Igreja de Nossa Senhora do Rosário dos Pretos

SALVADOR

Praça José de Alencar, s/nº – Largo do Pelourinho
Tel. (71) 3241-5781

O TEMPLO No coração do Pelourinho, a igreja foi construída pela e para a comunidade negra de Salvador. Começou a ser erguida em 1704 pela Irmandade de Nossa Senhora do Rosário dos Pretos, formada por negros escravizados e outros que já tinham alcançado a liberdade. No Brasil, as irmandades de negros costumavam se reunir nos altares laterais de igrejas matrizes ou conventuais, uma vez que essas pessoas eram proibidas de entrar nos templos para rezar e receber os sacramentos. Então, em 1704, a Irmandade do Rosário dos Pretos reuniu o dinheiro necessário e recebeu a permissão do arcebispo Dom Sebastião Monteiro de Vide para a construção de uma igreja própria. A obra exigiu muito esforço dos construtores cativos, pois quando não estavam trabalhando, se empenhavam para erguer paredes da igreja, geralmente durante a noite. Pequenos comerciantes negros e ex-escravos doavam o pouco dinheiro que conseguiam para erguer o santuário, que demorou 100 anos para ficar totalmente pronto. É o único local de culto católico dedicado aos santos negros com o título de Ordem Terceira, dado pela Cúria em 2 de julho de 1899. Tem estilo rococó e altares neoclássicos, sendo declarada Patrimônio Mundial pela Unesco.

DETALHES DE FÉ O desenho da fachada da igreja, construída a partir de 1780, é atribuído ao mestre de obras Caetano José da Costa ❶. Em seu interior, destacam-se os azulejos sobre a devoção ao Rosário ❷, fabricados em Portugal e datados de 1790. Os altares são em estilo neoclássico, realizados na década de 1870 pelo entalhador João Simões Francisco de Souza. Nos altares há imagens coloniais, destacando-se uma Nossa Senhora do Rosário do século 17 ❸, venerada na antiga Sé da Bahia, além de Santo Antônio de Cartegerona, São Benedito e um Cristo crucificado em marfim. O forro da nave ❹ foi pintado em 1870 por José Pinto Lima dos Reis. Nos fundos do templo fica um antigo cemitério de pessoas escravizadas.

BAHIA

PROGRAME-SE
O melhor dia para ir ao Pelourinho é a terça-feira, logo depois do almoço. Vá à Igreja de Nossa Senhora do Rosário dos Pretos antes das 17h30 para assistir à missa afro. O culto começa às 18h, mas é preciso chegar antes para conseguir um lugar sentado. Tente ficar em uma das primeiras fileiras do lado esquerdo para apreciar melhor o som dos instrumentos de percussão, como atabaque e agogô, que acompanham toda a celebração litúrgica. O momento mais sincrético é o ofertório, quando mulheres e homens vão da porta da igreja ao altar levando pães que serão abençoados, numa coreografia que lembra a dos rituais de candomblé. Outra data bastante comemorada ali é o dia de Santa Bárbara (4 de dezembro), sincretizada na orixá Iansã. Nesse dia, a igreja se transforma no ponto central dos festejos para ambas as religiões.

Igreja da Imaculada Conceição da Mãe de Deus
(Santuário Irmã Dulce)
SALVADOR
Av. Bonfim, 161 – Largo de Roma. Tel. (71) 3310-1100

O TEMPLO Também conhecido como Santuário da Bem--Aventurada Dulce dos Pobres, em homenagem à Irmã Dulce, religiosa brasileira beatificada em 2011 pelo papa Bento XVI. O templo começou a ser erguido em 2002, a partir da Campanha do Tijolo, no mesmo local em que, na década de 1940, a freira missionária havia construído as obras sociais Círculo Operário da Bahia e o Cine Roma. Finalmente, em 2003, o edifício de orações foi inaugurado ao lado da sede das Obras Sociais Irmã Dulce (OSID). Em estilo contemporâneo ❶, tem capacidade para receber até mil fiéis sentados.

DETALHES DE FÉ Visite a Capela das Relíquias, onde fica o túmulo ❷ do "Anjo Bom do Brasil", apelido dado à Irmã Dulce pelos católicos. É uma sala circular, com pé direito triplo, tendo ao centro o túmulo da religiosa. Seus restos mortais foram trasladados da Igreja Basílica de Nossa Senhora da Conceição da Praia para o local em 2010. Nascida Maria Rita de Souza Brito Lopes Pontes, Irmã Dulce era de uma família de classe média em Salvador. Em 1933, após se formar como professora, a jovem entrou para a Congregação das Irmãs Missionárias da Imaculada Conceição da Mãe de Deus, na cidade de São Cristóvão, em Sergipe. Para homenagear sua mãe, morta quando era criança, adotou o nome de Dulce. Sua vida religiosa foi marcada pela dedicação aos pobres e aos doentes, o que lhe rendeu uma indicação ao Prêmio Nobel da Paz em 1988. Em 1991, já muito debilitada, recebeu a visita do papa São João Paulo II, que lhe deu a bênção e a extrema unção. A freira morreu em março de 1992, aos 77 anos. Depois de sua beatificação, em 2011, começou no Vaticano o processo de canonização. O pedido veio após o reconhecimento de um milagre pela intercessão da religiosa. A graça documentada foi a recuperação de uma mulher sergipana que havia sido desenganada pelos médicos após sofrer uma forte hemorragia durante o trabalho de parto.

BAHIA

PROGRAME-SE
Aproveite a ocasião para visitar o Memorial Irmã Dulce (MID). Inaugurado em 1993, é uma exposição permanente com mais de 800 peças. Ali estão o hábito usado pela religiosa, fotografias, documentos e objetos pessoais, como a imagem de Santo Antônio, do século 19, pertencente à família da freira, diante da qual ela costumava rezar. O MID preserva intacto o quarto de Irmã Dulce – observe a cadeira onde a freira dormiu por mais de 30 anos em virtude de uma promessa.

Paróquia Nossa Senhora do Líbano
FORTALEZA

R. Tibúrcio Cavalcante, 509 – Meireles
Tel. (85) 3224-7799

O TEMPLO Inaugurado em 1963, é o único templo católico greco-melquita do Ceará. Construído no estilo arquitetônico bizantino, homenageia Nossa Senhora do Líbano. Em 2015, ganhou a capela São Pedro e São Paulo. Note que o santuário ortodoxo é diferente dos católicos romanos. De acordo com historiadores, a igreja ortodoxa surgiu com o objetivo de espalhar a palavra de Cristo pelo Oriente, em países como Grécia, Turquia, Líbano e Síria. Ao longo dos séculos, católicos romanos e ortodoxos vivenciaram conflitos culturais e políticos, que culminaram na divisão do próprio Império Romano entre Ocidental e Oriental, no século 4. A separação definitiva aconteceu em 1054, no que ficou conhecido como Cisma do Oriente. Desde então, os ortodoxos não seguem a autoridade do papa e têm variações em alguns rituais: comemoram o Natal no dia 7 de janeiro, com base no calendário Juliano, que tem 13 dias a mais no ano do que o Gregoriano, utilizado pelo Vaticano. Na igreja ortodoxa o voto de castidade é obrigatório apenas para os bispos, sendo opcional para os padres.

DETALHES DE FÉ Nas igrejas bizantinas não há imagens nem estátuas de santos, somente ícones, que são pinturas representativas dos Evangelhos e dos personagens sagrados. Alguns são pintados em ouro e têm grande valor artístico. As cruzes também são diferentes: a ortodoxa têm três barras. A de cima foi adicionada porque no ritual bizantino acredita-se que a faixa extra teria servido para a famosa inscrição INRI, abreviação de Jesus de Nazaré, Rei dos Judeus, e a barra de baixo, para apoiar os pés de Cristo crucificado. Preste atenção aos ícones das paredes internas laterais, que representam as grandes festas litúrgicas. No teto da nave há ícones de diversas passagens bíblicas, visíveis de qualquer ponto da igreja. Todo primeiro domingo de cada mês as missas são celebradas no ritual latino. É uma forma de integrar os católicos do Oriente com os do Ocidente. Observe que todo serviço religioso ortodoxo termina com uma oração de agradecimento a Nossa Senhora.

CEARÁ

PROGRAME-SE
Se você tiver tempo, vale a pena percorrer os 580 quilômetros que separam Fortaleza de Juazeiro do Norte. Nessa cidade do sertão cearense fica o Memorial Padre Cícero. Nascido no Crato, o religioso se mudou para Juazeiro quando tinha 28 anos, em 1872. Foi lá que ele ganhou fama de milagreiro, embora não seja reconhecido como santo pelo Vaticano. No espaço dedicado à sua vida estão reunidos objetos pessoais, fotos e livros. Visite também a estátua do Padre Cícero na Colina do Horto. O monumento tem 25 metros de altura e a seu lado fica um pequeno museu e uma igreja. Do alto, a vista para a cidade e para a Chapada do Araripe é incrível.

Igreja Nossa Senhora do Rosário
FORTALEZA

Praça General Tibúrcio, s/n – Centro
Tel. (85) 3226-4327

O TEMPLO Sua construção começou por volta de 1730, em materiais como taipa e palha. Em meados de 1755 recebeu revestimento de calcário e pedra, características que conserva até hoje. O templo foi erguido pelos negros escravizados que pertenciam à Irmandade de Nossa Senhora do Rosário dos Pretos. A construção só foi possível graças a doações feitas por aqueles que compartilhavam da mesma fé, inclusive brancos e ex-escravos. O templo serviu por duas vezes como Catedral de Fortaleza ❶. Foi tombada pelo Patrimônio Histórico estadual em 1983 e restaurada em 2000.

DETALHES DE FÉ O interior da igreja é tão simples quanto a sua fachada e o piso de madeira confere uma sensação de aconchego ❷. Tem única torre, com duas janelinhas redondas, e influência barroca na decoração, como o teto trabalhado com florões. Chama a atenção um túmulo curioso: o do major João Facundo de Castro Menezes, influente personagem político da Província do Ceará, que foi assassinado em 1841. A pedido de sua esposa, ele foi sepultado de pé em uma das colunas da igreja. Além do major, mais de 200 pessoas, a maioria escravos, estão sepultadas no subsolo do santuário.

CEARÁ

PROGRAME-SE
A região central de Fortaleza abriga outras atrações como o Museu do Ceará, uma construção neoclássica de 1871, tombada pelo Iphan. Dentre as 15 mil peças relacionadas à história do estado, preste atenção ao conjunto de chapéu, batina e bengala que pertenceram ao Padre Cícero, o sacerdote cearense nascido na cidade do Crato, reconhecido popularmente como santo. Veja também um punhal que foi do cangaceiro Lampião – ele passou a vida sendo temido e idolatrado pelas pessoas que aterrorizava e amparava no sertão nordestino até ser morto pela polícia alagoana em 1938. Perto dali fica o Centro de Turismo. O prédio, de 1866, abrigou a cadeia pública da cidade, desativada na década de 1960. Nas antigas celas, há lojas de artesanato.

Catedral da Sé Nossa Senhora da Vitória
SÃO LUÍS

Praça Dom Pedro II, s/n – Centro
Tel. (98) 3222-7380

O TEMPLO Erguida por jesuítas em 1690, com mão de obra indígena, antigamente era dedicada a Nossa Senhora da Luz. Ao lado do santuário ficava o Colégio Jesuíta que, em 1760, reunia 5 mil livros em sua biblioteca. Entretanto, tudo mudou com a expulsão da Companhia de Jesus do Brasil, em 1759. O colégio passou a ser o palácio dos bispos e a igreja jesuíta tornou-se a catedral da cidade, agora sob consagração de Nossa Senhora da Vitória, protetora dos portugueses nas lutas contra o exército francês na Batalha de Guaxenduba (1615). O confronto militar foi importante para acelerar a expulsão definitiva dos franceses do Maranhão. Conta-se que os portugueses estavam em desvantagem quanto ao número de soldados, pediram ajuda à santa e foram atendidos. Em 1922, com a construção da segunda torre, ganhou o estilo neoclássico que apresenta até hoje. No prédio anexo funciona a Arquidiocese de São Luís.

DETALHES DE FÉ O maior destaque da catedral é o retábulo em talha dourada no altar-mor, realizado no final do século 18. Considerado um tesouro da arte barroca, foi desenhado pelo padre João Felipe Bettendorf e executado pelo entalhador português Manuel Mansos, auxiliado por artesãos maranhenses ligados à Companhia de Jesus. Tombado pelo Iphan, o retábulo foi restaurado nos anos 1990 e recuperou o esplendor do ouro, que estava encoberto por pintura azul e branca. A tela do forro da capela-mor, de 1954, é outra peça importante, de autoria do maranhense João de Deus. Os azulejos, tão marcantes na cidade, também estão presentes no interior do santuário. Na parede de acesso ao antigo consistório, ou sala de reuniões dos religiosos, note o belo painel de azulejos portugueses fabricados em Lisboa no começo do século 19.

MARANHÃO

PROGRAME-SE

A Catedral da Sé continua sendo o palco principal das grandes celebrações católicas da cidade, especialmente durante a Semana Santa. É possível acompanhar as missas dos Santos Óleos, do Lava-Pés, a Via Sacra, da Sexta-Feira da Paixão do Senhor, e a Procissão do Senhor Morto, na tarde de sexta-feira. O cortejo encena a morte de Jesus Cristo e faz alusão às suas últimas palavras. A procissão é acompanhada pela imagem de Nossa Senhora das Dores, representando o sofrimento de Maria ao perder seu filho. O percurso sai da Catedral da Sé, passa pela rua do Egito, praça João Lisboa, rua da Paz, rua do Sol e retorna ao ponto de partida.

Igreja Nossa Senhora do Carmo
SÃO LUÍS

Pça. João Lisboa, 350 – Centro
Tel. (98) 3878-0706

O TEMPLO A igreja e o convento do Carmo foram construídos em 1627 e são de extrema importância para a história de São Luís. No século 17, serviu de fortaleza para combatentes que lutaram contra a invasão holandesa na cidade. Em 1643, o templo abrigou mulheres e crianças, enquanto o convento funcionou como alojamento para as tropas portuguesas na luta contra os holandeses. Durante o século 19 também foi sede do Liceu Maranhense, da Biblioteca Pública e da Polícia Provincial.

DETALHES DE FÉ Em estilo barroco com janelas simétricas, a igreja tem escadaria em pedra de cantaria e está ligada à Fonte do Ribeirão por uma galeria subterrânea. As paredes e a porta de entrada são originais, mas os azulejos que decoram as paredes datam de 1866. No passado, o largo da igreja sediou a primeira feira livre da cidade. No mesmo local foi instalado o pelourinho, onde os negros escravizados eram torturados e expostos aos passantes. Atualmente, o antigo convento serve de residência para freis capuchinhos e abriga um museu. Preste atenção nas peças de arte sacra, um antigo confessionário e formas de pedra que serviam para a produção de hóstias.

PROGRAME-SE
Tire um dia para percorrer a pé as ruas do centro histórico de São Luís, onde parte de seus 4 mil imóveis são reconhecidos pela Unesco como Patrimônio Cultural da Humanidade. Entre ruas estreitas, vielas e becos, há casarões dos séculos 18 e 19 cobertos por belos azulejos portugueses – além de embelezar, o revestimento serve para refrescar as residências do calor maranhense. Comece pela rua do Sol, que abriga o Museu Histórico e Artístico do Maranhão e o Teatro Arthur Azevedo. Dali, atravesse a rua do Egito e siga para a parte mais baixa da cidade, onde estão os mais bem-preservados casarões revestidos de azulejos.

MARANHÃO

Catedral Basílica de Nossa Senhora das Neves
JOÃO PESSOA

Praça Dom Ulrico, s/n – Centro
Tel. (83) 3221-2503

O TEMPLO A principal igreja católica do estado consagra a padroeira da cidade. Sua construção está ligada à conquista da Paraíba, pois foi naquele local onde, em 1585, os colonizadores portugueses iniciaram a primeira capela em honra à Virgem das Neves. O templo passou por quatro grandes reformas e, em 1881, foi reconstruído, ganhando a forma em estilo eclético que tem atualmente ❶. A sagração ocorreu em 1894, já com o título de catedral. Em 1914, o santuário foi elevado ao título de Arquidiocese e Sede Metropolitana. Foi durante o episcopado de Dom Marcelo Pinto Carvalheira, em 1997, que a catedral passou por uma grande reforma. O presbitério recebeu um novo piso, os retábulos foram dourados e policromados, o santuário ganhou uma nova iluminação e o trono episcopal voltou a seu lugar. Na ocasião, a catedral foi intitulada de basílica.

DETALHES DE FÉ Na fachada, a imagem no nicho superior já foi da padroeira, Nossa Senhora das Neves, mas hoje é de Nossa Senhora da Conceição. Na entrada, o portal em pinho de rigo tem a função de quebra-vento. Antigamente, na época em que as missas ainda eram celebradas em latim, o portal costumava ficar fechado para o vento não atrapalhar a complicada liturgia. Hoje, a porta é fechada apenas em casamentos, antes da entrada na noiva. Na catedral há apenas três sepulturas, uma delas é do bispo Epaminondas José de Araújo. Preste atenção ao letreiro acima do altar-mor ❷, perto do forro, onde está escrito Nossa Senhora das Neves em letras trabalhadas na madeira e banhadas a ouro. Na área do presbitério há os símbolos basilicais, como o Brasão Oficial, esculpido em madeira e a Umbela Pontifícia ❸, insígnia litúrgica que parece um guarda-chuva, representando a igreja central, que abriga todas as demais da cidade.

PARAÍBA

PROGRAME-SE
No dia 5 de agosto é celebrada a Festa de Nossa Senhora das Neves. As festividades começam 10 dias antes da data religiosa com uma programação de show e barracas com comidas típicas. No dia 5 pela manhã há o cortejo dos celebrantes, que sai do Mosteiro de São Bento e segue até a Catedral Basílica, seguido da concelebração Eucarística. Na parte da tarde, há a recitação do Santo Terço, organizado pelo Terço dos Homens, e a missa de encerramento da festa, seguida de procissão.

Igreja de Nossa Senhora da Misericórdia
JOÃO PESSOA

Av. Duque de Caxias, s/n – Centro
Tel. (83) 3221-2368

O TEMPLO É uma das igrejas mais antigas da cidade de João Pessoa. Relatos históricos indicam que o templo foi fundado por Duarte Gomes da Silveira, senhor de engenho da Capitania. Devido às invasões holandesas, não se sabe ao certo o ano de início da construção, mas existem referências sobre a existência da capela desde 1609. Foi o templo principal da capital paraibana até 1671, na época das batalhas com os holandeses, e quando a igreja matriz passava por reformas. Inicialmente compunha um conjunto arquitetônico que abrigava a Santa Casa de Misericórdia, a igreja e o cemitério. Nos dias atuais restam apenas o templo e alguns elementos da Santa Casa. Tombada pelo Instituto do Patrimônio Histórico e Artístico Nacional (Iphan) em 1938, foi restaurada em 2007.

DETALHES DE FÉ A igreja é de extrema simplicidade. Na fachada, com traços maneiristas ❶, sem os adornos e ostentação do barroco, é voltada exclusivamente à proteção. Em seu interior, a falta de ornamentação das paredes é quebrada apenas pela presença do púlpito e do coro. Foi muito modificada durante os anos e conserva como elemento original apenas o tabernáculo com relevos dourados esculpidos de madeira ❷. O forro, ornado com uma pintura em forma de medalhão, representa a imagem de Nossa Senhora da Misericórdia ladeada por anjos que erguem seu manto azul ❸. Abriga uma nave principal e duas capelas laterais, servindo uma como ossuário e a outra, à esquerda, como a cripta de Duarte Gomes da Silveira e de sua esposa, Fulgência Tavares. Silveira instituiu o morgado de São Salvador do Mundo por volta de 1639. Na parte em que antigamente funcionava a Santa Casa de Misericórdia ainda é possível observar o nicho destinado à "roda dos enjeitados". O dispositivo de madeira, com um buraco voltado para a calçada, servia para as mães abandonarem seus bebês sem que precisassem se identificar. Elas tocavam um sino de alerta e a criança era recolhida pelas freiras. Na metade do século 20, o movimento na roda dos expostos começou a rarear e depois foi desativado.

PARAÍBA

PROGRAME-SE
Visite o Centro Cultural São Francisco, o mais importante conjunto de arte barroca da Paraíba, que começou a ser erguido em 1589. A visita, que pode ser guiada (40 minutos), começa pelo claustro, construído por volta de 1730. Segue na Igreja de Santo Antonio, onde está um dos mais belos púlpitos do mundo, segundo a Unesco. Na sacristia, observe azulejos, pisos e móveis do século 18. A parte mais fascinante é a capela da Ordem Terceira de São Francisco, que impressiona pela quantidade de ouro nos altares. No teto, admire a pintura Glorificação dos Santos Franciscanos. *Praça S. Francisco – Centro.*

Igreja de Nossa Senhora do Carmo
JOÃO PESSOA

Praça Dom Adauto, s/n – Centro
Tel. (83) 3221-9400

O TEMPLO A igreja e o convento de Nossa Senhora do Carmo, no Centro Histórico de João Pessoa, integram o Complexo Carmelita. Trata-se de um conjunto arquitetônico composto pela igreja de Nossa Senhora do Carmo, pelo Palácio Episcopal e pela Igreja de Santa Teresa de Jesus da Ordem Terceira do Carmo. Antigamente, o Palácio Episcopal, atual sede da Arquidiocese da Paraíba, era o Convento Carmelitano, ambos construídos no século 16 e tombados pelo Instituto do Patrimônio Histórico e Artístico do Estado da Paraíba (Iphaep). Segundo registros dos carmelitas, a ordem religiosa chegou à Paraíba por volta de 1591, junto com os beneditinos, franciscanos e jesuítas. O objetivo de todos era o mesmo: evangelizar e catequizar a população nativa. No final do século 16 os carmelitas começaram a construção do complexo que só ficou pronto no século 18 quando, de acordo com os registros históricos, Frei Manuel de Santa Teresa, prior da ordem, encerrou as obras usando recursos próprios.

DETALHES DE FÉ Observe a construção do complexo, feita em pedra calcária paraibana, com traços da arquitetura que mescla os estilos barroco e rococó ❶. Uma das fachadas tem uma janela circular, com armação em forma de sol, elemento que costuma representar a figura de Cristo. As portas de madeira da fachada são ladeadas por duas portas esculpidas em pedra calcária, com fins apenas estéticos, já que não abrem. Preste atenção na nave ampla e imponente, com paredes decoradas com azulejos portugueses ❷ que contam a história de Nossa Senhora do Carmo. Na entrada há um vestíbulo com pinturas de influência rococó representando a Santíssima Trindade. O impressionante altar-mor ❸ é trabalhado com traços rococós, sendo ladeado pelas imagens de Santo Elias e Santo Eliseu, com Nossa Senhora do Carmo ao centro.

PARAIBA

PROGRAME-SE
Conheça também a Igreja de Santa Teresa de Jesus da Ordem Terceira do Carmo, do século 18, tombada pelo Instituto do Patrimônio Histórico e Artístico Nacional (Iphan), anexa à igreja do Carmo. Ela foi construída com detalhes de talhas em madeira policromada no altar-mor e laterais, assim como na capela-mor. O teto da nave é pintado com cenas da vida religiosa da espanhola Santa Teresa D'Ávila, que viveu no século 14 e realizou grandes mudanças na Ordem das Carmelitas Descalças. Aproveite para passear no claustro do antigo convento com seus belos jardins.

Basílica e Convento de Nossa Senhora do Carmo
RECIFE

Av. Dantas Barreto, s/n – Santo Antônio
Tel. (81) 3224-3341

O TEMPLO Os primeiros frades carmelitas chegaram ao Brasil em 1580. Quase 100 anos depois, deram início à construção do Convento do Carmo de Olinda, em 1654. O que no futuro seria a Basílica e o Convento do Carmo ❶ na capital pernambucana começou em 1665. Em 1687, o Palácio da Boa Vista, erguido pelo holandês Maurício de Nassau, ex-governador da cidade, foi doado à ordem e incorporado ao complexo. Em 1920, o templo foi sagrado pelo Vaticano como basílica menor. O Instituto do Patrimônio Histórico e Artístico Nacional (Iphan) tombou o conjunto arquitetônico em 1938. Um fato curioso é que as Ordens Terceiras do Carmo no Brasil seguiam a adoração do Escapulário da Virgem do Carmo; dos Passos da Paixão de Cristo, com exaltação ao Nosso Senhor dos Passos; e simpatizavam com a temática da reforma descalça teresiana, com devoção à Santa-Teresa D'Ávila. No Brasil, todas as ordens terceiras do Carmo tomaram como devoção principal Nossa Senhora do Carmo. A devoção mariana também seguiu as leis tridentinas, em que, hierarquicamente, as igrejas deveriam colocar em primeiro lugar Jesus Cristo e, posteriormente, Nossa Senhora. Todavia, atribuíram a Santa Teresa D'Ávila ❷ um papel secundário e de destaque dentro do templo. Na maioria das igrejas, a imagem da santa pode ser contemplada em pontos estratégicos da nave.

DETALHES DE FÉ O estilo barroco começa na fachada, passa pelos altares laterais e culmina nos entalhes dourados do forro da nave e do altar-mor, onde está a imagem em tamanho natural de Nossa Senhora do Carmo com a coroa de raios ❸. No dia da padroeira, em 16 de julho, ela é adornada com um escapulário de ouro e uma coroa de diamantes, presentes doados por senhoras ricas no século 16. Repare na pintura no teto, retratando uma passagem bíblica do livro de Reis na qual Elias sobe aos céus numa carruagem de fogo. Foi no Convento do Carmo que Frei Caneca fez seus votos e foi ordenado sacerdote. Acredita-se que o religioso tenha sido sepultado secretamente no templo.

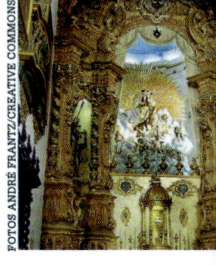

PERNAMBUCO

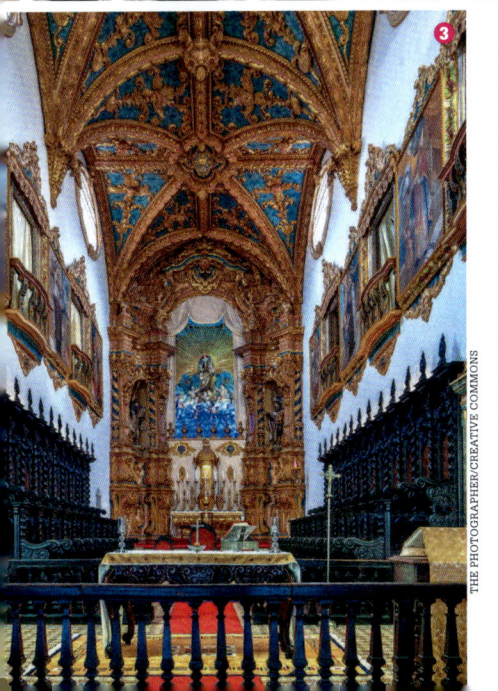

PROGRAME-SE

A festa da padroeira da cidade, no dia 16 de julho, costuma movimentar o centro do Recife Antigo. As comemorações começam dez dias antes e reúnem cerca de 10 mil fiéis diariamente. O ponto alto é a missa campal do dia 16, quando 200 mil pessoas se concentram em frente ao templo para ouvir a missa rezada pelo arcebispo. Neste dia, as missas são celebradas de hora em hora, a partir das 5h. Por volta das 17h30, há a procissão em homenagem à santa e o encerramento das festividades.

Igreja de Nossa Senhora da Conceição dos Militares

RECIFE

R. Nova, 309 – Santo Antônio
Tel. (81) 3224-3106

O TEMPLO Os registros históricos apontam que 1.725 oficiais, sargentos e praça dos corpos de fuzliamento e cavalaria solicitaram a criação de uma Irmandade dos Militares, bem como a construção de uma igreja exclusiva, sob a invocação de Nossa Senhora da Conceição. Há indícios de que as obras da igreja tenham começado em 1710 e, apesar sido concluídas em 1771, os ricos acabamentos do seu interior só foram finalizados em 1870. Durante todo esse período muitos oficiais tornaram-se benfeitores da igreja, ajudando na edificação e na compra de paramentos para o templo. Também era comum deixarem em testamento todos os bens para a irmandade. Essa confraria era bastante específica e não englobava todos os militares da região. Sabe-se que naquela época os soldados da artilharia, por exemplo, integravam uma irmandade própria, dedicada a São João Batista, e baseada na igreja de Santa Teresa.

DETALHES DE FÉ Exemplo belíssimo do barroco, o templo tem uma nave única e corredores laterais. Seu interior é ricamente trabalhado, com a capela, o retábulo, o altar-mor e o arco central decorados com talhas douradas ❶. Um nicho enfeitado no centro do altar exibe a imagem de Nossa Senhora da Conceição. Acima dos altares laterais há pinturas que formam diferentes conjuntos: uma representa a ressurreição de Jesus Cristo e a outra, o seu batismo no Rio Jordão pelas mãos de São João Batista. Sobre o arco do presbitério observe o brasão colorido da irmandade. Preste atenção no teto: há uma impressionante pintura da Virgem Maria grávida, iluminada por uma faixa de luz. Abaixo de seus pés, na pintura, a serpente é pisada, enquanto Adão e Eva observam a cena. Nas paredes, note as telas sobre a famosa Batalha dos Guararapes (1648-1649), decisiva para a expulsão dos holandeses da capitania de Pernambuco.

PERNAMBUCO

PROGRAME-SE
Vale a pena dar uma volta a pé pelas ruas do Recife Antigo, pavimentadas com paralelepípedos e cheias de casas coloniais. O Marco Zero, ponto de encontro e folia durante o Carnaval, fica tranquilo no restante do ano, cercado por edifícios em estilo neoclássico. Do período do holandês Maurício de Nassau no governo há poucas construções. Entretanto, daquela época restou a sinagoga Kahal Zur Israel, construída por judeus perseguidos pela sanguinária Inquisição na Espanha, durante os séculos 16 e 17. Localizada na rua do Bom Jesus, 197, o atual Centro Cultural Judaico conta um pouco desse percurso que inclui a reconquista da cidade pelos portugueses, uma nova expulsão dos judeus e a migração de parte da comunidade para Nova York, nos Estados Unidos.

Igreja Madre de Deus
RECIFE

R. Madre de Deus, s/n – Recife Antigo
Tel. (81) 3224-5587

O TEMPLO A Congregação do Oratório de São Filipe Néri foi uma ordem religiosa fundada em Pernambuco no século 17. Os padres oratorianos desempenharam um papel religioso, político e educacional muito importante na antiga Capitania. A ordem foi extinta em 1830, após se envolver nos movimentos para a independência do Brasil, mas deixou como alguns de seus legados mais importantes o convento e a igreja da Madre de Deus, construídos no século 18. Esvaziado de padres, o prédio do convento acabou sendo transformado em alfândega e depois, em depósito de açúcar, ficando bastante degradado com o passar dos séculos. Em 1971, a igreja Madre de Deus foi danificada por um incêndio devido à iluminação excessiva durante um casamento e sofreu graves danos. Nos anos seguintes, passou por diversas reformas ❶. O convento, por sua vez, só recebeu obras em 2001, quando seu edifício foi recuperado e transformado em um centro comercial. Em 2015, um sacrário roubado no ano de 1976 foi devolvido a Pernambuco. O artefato de madeira e prata é uma urna onde são guardadas as hóstias consagradas. O objeto foi entregue à Arquidiocese de Olinda e Recife pelo herdeiro de um colecionador particular do Rio de Janeiro.

DETALHES DE FÉ Seu interior é esplêndido, reunindo mobiliário em jacarandá e colunas retorcidas douradas, típicas do barroco. No altar-mor ❷, painéis enegrecidos ainda registram os danos causados pelo incêndio de 1971. O templo guarda uma importante coleção de arte sacra, ❸, formada por obras trazidas de outras igrejas da capital pernambucana demolidas no passado. Uma das mais importantes é a imagem de Senhor dos Passos, que pertenceu à Igreja do Corpo Santo, confeccionada pelo recifense Manoel da Silva Amorim, um dos mais importantes escultores nordestinos do século 19.

PERNAMBUCO

PROGRAME-SE
Um dos pontos altos do templo acontece durante as celebrações da Semana Santa. É de lá que parte a Procissão do Encerro, na Quinta-Feira Santa, conduzindo a imagem do Senhor dos Passos. O cortejo conduz a imagem do Senhor dos Passos, envolto em um cortinado chamado encerro, até o Convento do Carmo. A cerimônia simboliza Jesus Cristo afastando-se do mundo, preparando-se para o martírio da Via Sacra e na cruz.

101

Catedral Nossa Senhora das Dores
TERESINA

Praça Saraíva – Centro
Tel. (86) 3222-2584

O TEMPLO A Catedral de Nossa Senhora das Dores começou a ser contruída em 25 de março de 1865, sendo o segundo templo católico erguido na cidade. Passou por várias reformas e restaurações. Em uma delas, sua altura cresceu 1,50 metro. Além disso, foram acrescentadas as torres e a parte interna sofreu diversas modificações na disposição dos ambientes ao longo dos anos. O santuário já foi palco de grandes eventos católicos, como a visita das Relíquias de Santa Teresinha de Liseux e os congressos eucarísticos arquidiocesanos. Uma de suas celebrações mais interessantes é a dos caminhantes-devotos, em louvor à Virgem das Dores, exemplo de romaria realizada durante a festa da padroeira, entre os dias 6 e 15 de setembro. O templo e a praça em frente compõem um oásis de verde entre os prédios do centro da capital piauiense.

DETALHES DE FÉ O estilo arquitetônico remete ao clássico renascentista, com algumas linhas ecléticas ❶. Chama a atenção uma pequena rosácea com vitrais coloridos que lembra o estilo neogótico. As janelas em forma circular, chamadas de olho-de-boi, também estão presentes nas duas torres de sinos. O templo é dividido em uma nave central ❷ e duas laterais, separadas por arcadas. A duas capelas laterais e a sacristia, após o altar-mor, criam um desenho que lembra uma cruz. Note os detalhes na imagem da padroeira: de roca, tem armação flexível e é coberta por vestes. Ela é do período barroco, representa Nossa Senhora das Dores sentada e também é chamada de imagem de vestir. Na cripta do templo visite o túmulo de Dom Severino Vieira de Melo, primeiro arcebispo da cidade. A catedral possui um altar com Privilégio Perpétuo, concedido pela Santa Sé. Na liturgia católica um Altar Privilegiado não é ligado ao tampo de pedra, mas à estrutura em si, por causa do título que ele usa e o mistério ou santo a quem é dedicado.

PIAUÍ

PROGRAME-SE

Todos os anos grupos folclóricos de vários estados se reúnem em Teresina durante o Encontro Nacional de Folguedos. Realizado normalmente no período das festas juninas, o evento é composto por apresentações de quadrilhas e de conjuntos de manifestações artísticas populares no ginásio de esportes Vila Olímpica do Albertão. A tradição do bumba-meu-boi também está presente, além das comidas típicas de junho e dos shows musicais.

Igreja Matriz de Nossa Senhora do Amparo
TERESINA

R. Rui Barbosa, 270 – Centro
Tel. (86) 3221-8254

O TEMPLO A transferência da capital do Piauí de Oeiras para Teresina só foi concluída com apoio da Igreja Católica. Para tornar o projeto possível, a nova cidade começou a se desenvolver a partir de construção da Igreja Matriz de Nossa Senhora do Amparo. É o edifício mais antigo da cidade (1852), entregue à população antes mesmo da inauguração da nova capital. A pedra fundamental foi lançada no dia 25 de dezembro de 1850, 131 dias depois da fundação de Teresina. Quando o templo foi elevado à categoria de matriz, apenas a capela-mor estava pronta.

DETALHES DE FÉ Relatos históricos afirmam que o próprio imperador Dom Pedro II contribuiu com um conto de réis para a construção da igreja, sob consagração da padroeira de Teresina. De estilo eclético, que mistura o gótico e o romântico, a igreja tem um altar elevado, piso em cerâmica e pequenas aberturas que proporcionam iluminação natural, que chega através de pequenas janelas circulares localizadas nas laterais do prédio. A imagem de Nossa Senhora do Amparo, trazida de Portugal em 1850, foi levada em cortejo solene da pequena igreja da antiga Vila do Poty até o santuário. Observe o cruzeiro de pedra no largo em frente à porta principal – ele marca a localização da cruz de madeira ali erigida em 1852. Este local serviu de referência para o traçado da capital, que começou a se desenvolver a partir desse ponto. As grandiosas torres neogóticas foram adicionadas durante a década de 1950.

> **PROGRAME-SE**
> Teresina tem duas criações muito gostosas: a cajuína e o arroz com capote. Feito com galinha-d'angola, leva coentro, cebolinha, pimenta-de-cheiro e urucum. A cajuína é feita a partir do suco de caju. A fruta é triturada e depois coada para separar a parte líquida, que vai ao fogo até ficar com uma cor amarelada.

PIAUÍ

Igreja Matriz Nossa Senhora da Apresentação
NATAL

Praça André de Albuquerque, s/n – Cidade Alta
Tel. (84) 3615-2808

O TEMPLO No livro *História da Cidade do Natal*, o pesquisador Luís da Câmara Cascudo fala sobre uma capelinha de barro socado, coberta de ramos secos trançados, com somente uma entrada, sem sino e nem aparato. O humilde templo, que a princípio dedicava sua devoção a Santa Quitéria, ficava no local em que hoje está erguida a Igreja Matriz de Nossa Senhora da Apresentação, chamada de Antiga Catedral. Ali teria acontecido a fundação da capital potiguar, no dia 25 de dezembro de 1599. Consta que 15 anos após a inauguração a igreja ainda não tinha porta. Durante a invasão holandesa, no século 17, o santuário foi transformado em templo calvinista, quando perdeu grande parte de suas características originais, de estilo barroco, bem como os livros de registro, que foram destruídos. Em 1672, fez-se uma campanha a fim de reunir recursos para construção de uma igreja mais sólida e ampla. As obras foram concluídas em 1694 e a data está inscrita numa pedra incrustada na viga da porta principal ❶. Ao longo do século 19 a igreja ganhou uma torre e o sino ❷, que segue em funcionamento. O santuário foi elevado à Arquidiocese em 1952, pelo papa Pio XII, e nos anos 1990 passou por um processo de restauração que lhe devolveu as características do século 18.

DETALHES DE FÉ Da igrejinha primitiva resta apenas o espaço da capela-mor. Note a semelhança com as pedras utilizadas no Forte dos Reis Magos. Entre os anos de 1881 e 1905 foram realizadas as maiores transformações: a construção de arcadas, tribunas e púlpitos, substituição do piso de tábua por ladrilho. Como antigamente não havia cemitério em Natal, os fiéis eram sepultados dentro da igreja e há vários ossuários que podem ser observados ao longo das paredes do templo. Veja as capelas laterais do Santíssimo Sacramento e do Senhor Bom Jesus dos Passos ❸. Construídas no século 18, entre o altar-mor ❹ e a nave central, completam a tradicional planta cruciforme. A capela do Santíssimo Sacramento fica na lateral esquerda e tem um belo sacrário confeccionado em Lisboa.

RIO GRANDE DO NORTE

PROGRAME-SE

Cidade do etnógrafo, folclorista e escritor Luís da Câmara Cascudo, Natal conserva diversas manifestações folclórico-culturais que fazem parte do seu patrimônio imaterial. Há a tradição dos Congos de Calçola de Ponta Negra e do Boi de Reis de Manoel Marinheiro. Conheça também o Forte dos Reis Magos, construído em forma de estrela na Praia do Forte. No dia 6 de janeiro de 1598 (Dia de Reis) foi celebrada uma missa para dar início à construção da fortaleza, que ficou pronta 30 anos depois. Veja os antigos depósitos, alojamentos, canhões e a capela. O forte também abriga o Marco de Touros, de 1501, considerado um dos mais antigos artefatos históricos do país. A peça, feita em mármore e com a cruz-de-malta esculpida, teria sido o primeiro marco de posse do império português no Brasil.

Catedral Metropolitana Nossa Senhora da Apresentação

NATAL
Av. Floriano Peixoto, 674 – Tirol
Tel. (84) 3201-4559

O TEMPLO A construção da Catedral foi iniciada em 21 de junho de 1973. Foram 18 anos de intensas campanhas, a fim de conseguir recursos para construir o novo templo, cuja inauguração aconteceu em 21 de novembro de 1988. Chama bastante a atenção seu estilo de construção, em linhas ascendestes na forma de um trapézio ❶.

DETALHES DE FÉ O primeiro projeto para a nova Catedral apresentava uma igreja em forma de cruz, que logo foi descartada pela pouca capacidade de acomodação dos fiéis. O novo projeto, do arquiteto Marconi Grevi, permite que o santuário acomode 3 mil pessoas sentadas. O objetivo das linhas diferentes tem como base o princípio da funcionalidade, unindo conforto, beleza e organização para os rituais sagrados. A nave tem um único vão, onde são realizadas as celebrações ❷. No subsolo, exatamente sob o altar principal, localiza-se a Capela do Santíssimo Sacramento, abençoada pelo papa São João Paulo II ❸ durante a visita que fez ao Brasil por ocasião do XI Congresso Eucarístico Nacional, em outubro de 1991. Ainda no pavimento inferior há o Centro Pastoral Pio X, onde funcionam o Gabinete do Arcebispo, a Cúria Metropolitana, a Reitoria da Catedral, além da coordenação de diversas pastorais.

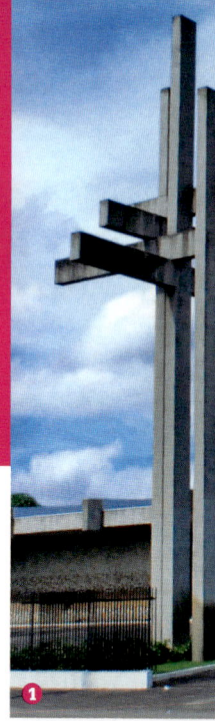

RIO GRANDE DO NORTE

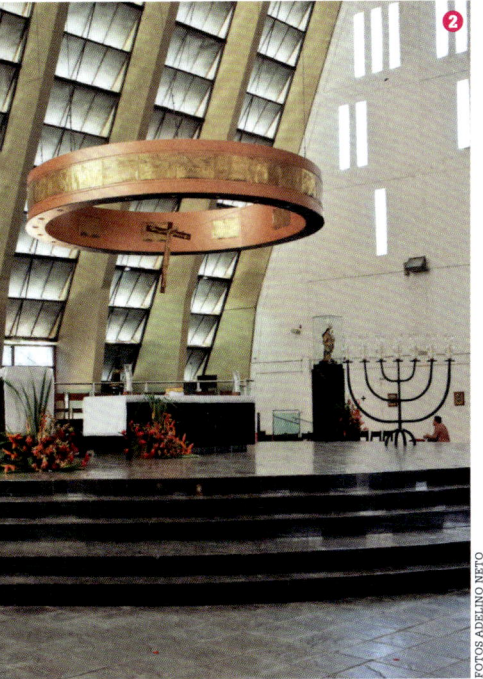

PROGRAME-SE
Em Natal, o sol brilha cerca de 300 dias por ano, com chuvas concentradas de abril a julho. Entre o final de novembro e o começo de dezembro, a micareta Carnatal agita a cidade e inflaciona os preços de hotéis, restaurantes e dos passeios. De agosto a novembro, e em março, o tempo é bom e tudo fica mais em conta. Uma boa maneira de conhecer a cidade e os arredores é a bordo do Natal Bus (natalbus.com.br), um ônibus panorâmico que percorre atrações como a Praia de Ponta Negra, o Mirante dos Golfinhos e o maior cajueiro do mundo, em Pirangi do Norte (28km).

Catedral Metropolitana Nossa Senhora da Conceição
ARACAJU

Praça Olímpio Campos, s/n – Centro
Tel. (79) 3214-3418

O TEMPLO A Catedral Metropolitana de Aracaju é um dos mais significativos monumentos da arquitetura religiosa da cidade. Sua construção começou em 1862, sendo inaugurada em 1875. A igreja matriz de Nossa Senhora da Conceição tornou-se catedral em 1910. A arquitetura do templo está ligada aos elementos do neoclassicismo e do neogótico, sendo tombada pelo Patrimônio Histórico Estadual em 1985. Segundo especialistas, o estilo que faz referência do gótico medieval estava bastante em moda no final do século 19. Indicava uma busca pelos valores do passado e pela força da cristandade em um mundo que se modernizava depressa. Essa igreja foi de grande importância para o desenvolvimento urbanístico da capital sergipana, não apenas do centro histórico, como também da própria cidade de Aracaju, representando um marco em seu desenvolvimento.

DETALHES DE FÉ Nos desenhos originais, de 1863 e de 1869, as formas neogóticas aparecem no uso de estruturas ogivais, rosáceas, vitrais e torres alongadas. Porém, ao final das obras, as torres apresentavam um formato arredondado, apelidadas pela população de "tampas de manteigueiro" ou "tampa de chaleira", muito diferentes dos desenhos originais. Depois que o templo se tornou catedral, novas obras tiveram início para reforçar os aspectos neogóticos do edifício. A partir de 1936, o santuário perdeu as torres arredondadas e ganhou o atual formato pontiagudo ❶. Outro exemplo deste estilo é a pintura decorativa no interior do templo ❷, executada pelos artistas Orestes Gatti e Rodolfo Tavares, que cria um efeito tridimensional. Já a imagem de Nossa Senhora da Conceição é obra de Pereira Beirão, aprendiz do escultor baiano Bento Sabino dos Reis. Um óleo sobre tela retratando a santa, de autoria de Horácio Hora, também é tombado pelo governo do estado.

SERGIPE

PROGRAME-SE
Nossa Senhora da Conceição, padroeira da capital sergipana, é celebrada no dia 8 de dezembro. A marca desta festa é o sincretismo religioso, pois a santa é reverenciada tanto pelos católicos como pelos adeptos do candomblé. Na religião de matriz africana, Nossa Senhora da Conceição representa Oxum, orixá das águas doces. No seu dia, os católicos participam de várias missas. À tarde a procissão sai às 16h da igreja e percorre as ruas Itaporanga, Lagarto, passando pelas avenidas Barão de Maruim e Ivo do Prado, de onde retorna para o templo. Para os seguidores da religião afro, a festa para Oxum começa pela manhã com um cortejo que sai da Colina do Santo Antônio em direção à catedral, onde é realizada a tradicional lavagem das escadarias.

Igreja e Convento da Ordem Terceira de Nossa Senhora do Carmo
SÃO CRISTÓVÃO, 25KM

Praça Senhor dos Passos s/n – Centro
Tel. (79) 3261-1605

O TEMPLO São Cristóvão, a apenas 25 quilómetros de Aracaju, é a quarta cidade mais antiga do Brasil, e primeira capital de Sergipe. Tem como símbolo a Praça São Francisco, que foi reconhecida como Patrimônio Cultural da Humanidade pela Unesco. Ali fica a Igreja e Convento da Ordem Terceira de Nossa Senhora do Carmo. O templo, em estilo barroco, faz parte da Congregação das Irmãs Missionárias da Imaculada Conceição da Mãe de Deus. Este é o local onde a beata Irmã Dulce iniciou sua vocação religiosa, no Convento da Nossa Senhora do Carmo, em 1933. A Igreja da Ordem Terceira do Carmo é popularmente conhecida como Carmo Pequena ou Igreja do Senhor dos Passos, por abrigar a imagem processional do Cristo no altar principal.

DETALHES DE FÉ No convento do Carmo há um pequeno quarto com réplica de objetos pessoais e documentos da religiosa. Veja também o claustro, transformado em santuário e onde estão expostos os ex-votos, objetos deixados ali por fiéis em agradecimento aos milagres. O acervo é formado por fotografias, objetos e placas de graças alcançadas.

PROGRAME-SE
O melhor horário para conhecer São Cristóvão é pela manhã, quando museus e igrejas estão abertos – os locais de visitação fecham às 16h. Depois, a sugestão é caminhar pelas bem conservadas ruas de pedra e admirar a beleza da arquitetura, realçada pelos casarões coloniais que ainda preservam as fachadas. Não saia da cidade sem provar a queijada, doce que era preparado pelos escravos e leva coco, farinha, açúcar, manteiga e ovos. Experimente também os bricelets, um delicado biscoito de laranja feito pelas freiras da ordem da Imaculada Conceição.

SERGIPE

Catedral Nossa Senhora de Nazaré, Rio Branco

REGIÃO NORTE

Catedral Nossa Senhora de Nazaré
RIO BRANCO

Travessa da Catedral, 4 – Centro
Tel. (68) 3223-2201

O TEMPLO Sua arquitetura segue o estilo de uma basílica romana ❶, com um altar reservado para o cardeal e espaços que podem ser subdivididos em diferentes compartimentos, ou capelas. Começou a ser construída em 1948 e, pelas dificuldades encontradas durante as obras, foi chamada de "milagre da floresta". Após dez anos de trabalhos, finalmente em 1958 os primeiros cultos religiosos começaram a ser celebrados. A homenagem a Nossa Senhora de Nazaré aparece na fachada, com letras de ouro, que dizem *Virgini a Nazareth Dicatum* (Virgem Original de Nazaré). É considerada pelos acreanos a mãe de todas as outras igrejas de Rio Branco.

DETALHES DE FÉ Há três naves na catedral ❷, separadas por 36 vitrais na parte superior e 11, na inferior. Os vitrais, doados por devotos, têm cenas da Via Crúcis e representam a luz de Cristo que chega aos fiéis e ilumina a caminhada dos cristãos. Na nave central, um mausoléu protegido com grades de ferro guarda os restos mortais do bispo Dom Giocondo Maria Grotti, morto em um acidente de avião – este é um local de peregrinação e devoção. Observe, no alto do altar principal, a imagem de Cristo Crucificado ❸ se sobrepondo à mesa de celebração.

ACRE

PROGRAME-SE
A celebração do Círio de Nazaré reúne mais de 15 mil pessoas no dia 8 de outubro. A procissão começa com a imagem da santa ❹ chegando de barco pelo rio Acre, iluminada por tochas e velas coloridas. A concentração é no Calçadão da Gameleira. Em seguida, os fiéis iniciam a caminhada na rua Eduardo Asmar. Depois, atravessam a ponte Coronel Sebastião Dantas e seguem pelas vias Marechal Deodoro, Rui Barbosa, Av. Getúlio Vargas e Av. Brasil.

FOTOS NETO LUCENA

Igreja Nossa Senhora da Conceição
MACAPÁ

Av. Cônego Domingos Maltês, s/n – Trem
Tel. (96) 3222-1269

O TEMPLO A igreja de Nossa Senhora da Conceição, em Macapá, teve origem em 1949, quando o padre Arcângelo Cérqua benzeu e entronizou a estátua da Virgem, inaugurando a primeira capela do bairro do Trem. Era um local improvisado, onde atualmente funciona a sede da agremiação esportiva Trem Esporte Clube. Em 1950 a igrejinha foi derrubada por um forte temporal que chegou de madrugada e destruiu tudo nos arredores. Milagrosamente, ficou de pé apenas a parede de fundo onde se encontrava a imagem da santa. Um mês após a tempestade, no dia 13 de agosto de 1950, o padre Antonio Cocco celebrou a missa de abertura da nova capela, já no terreno onde fica a atual igreja matriz.

DETALHES DE FÉ O templo tem características do estilo barroco na parte interna e linhas ecléticas ❶ na parte externa. Foi construído com recursos dos próprios moradores, devotos de Nossa Senhora da Conceição e algumas doações. As colunas foram edificadas com sobras de pedaços de ferro da ferrovia Estrada de Ferro do Amapá (EFA), que liga os municípios de Santana e Serra do Navio. O material foi doado pela Empresa de Mineração ICOMI. Note o forro do templo, feito em madeira de lei da própria região. Os destaques do santuário são suas colunas e o altar-mor, com a imagem da santa e os anjos pintados ao fundo.

PROGRAME-SE
Cortada pela linha do Equador, é a cidade mais próxima da foz do rio Amazonas. Visite a Fortaleza de São José do Macapá, construída no século 18 para proteger o rio e a capital de invasões – note as muralhas de 15 metros de altura! Um pouco mais afastado do centro fica o Marco Zero, que divide os hemisférios Norte e Sul. Ali, a brincadeira é subir na divisória sobre a linha imaginária do Equador e colocar um pé em cada hemisfério.

AMAPÁ

Catedral Metropolitana Nossa Senhora da Conceição
MANAUS

Praça Oswaldo Cruz, s/n – Centro
Tel. (92) 3234-7821

O TEMPLO Durante a ocupação europeia no Amazonas, quatro ordens religiosas fizeram parte da comitiva: jesuítas, franciscanos, mercedários e carmelitas. Estes últimos substituíram os jesuítas ao longo do curso dos rios Solimões e Negro. Essas ordens não tinham apenas a missão de catequizar os índios, mas também a incumbência de proteger o território dos espanhóis e de quem se aventurasse pela Amazônia. Assim, ao lado do Forte de São José da Barra do Rio Negro, a Paróquia de Nossa Senhora da Conceição foi criada em 1695 pelas mãos dos padres carmelitas. Em 1659, os religiosos levantaram a primeira igrejinha em louvor à santa. Essa edificação rústica foi reconstruída no século 18, mas acabou sendo destruída por um violento incêndio em 1850. Em 1858, o então presidente da província, Francisco José Furtado, autorizou o início da construção da igreja atual com a fixação da primeira pedra do templo. Para isso, nativos da região eram capturados para trabalhar nas obras. Em 1862, foi criada a Diocese do Amazonas, sendo esse santuário elevado à condição de catedral e inaugurado oficialmente em 1877, quando os trabalhos foram concluídos.

DETALHES DE FÉ Voltada para o rio Negro, a catedral tem linhas neoclássicas ❶ desde sua fachada até o interior, com duas sacristias formando um quadrado. Na construção foram usados os materiais à mão, o que incluiu até casco de tartaruga. No século 19, o templo recebeu de Portugal o altar da capela-mor ❷, assim como os três altares laterais, todos feitos em pedra de lioz. Por sua vez, são de madeira o batistério, a balaustrada que separa a capela-mor da nave central e um altar lateral. À direita da entrada principal visite o mausoléu com os restos mortais de Dom Lourenço Costa Aguiar, bispo à época da fundação. Em 1980, a catedral recebeu a visita do papa São João Paulo II. A cadeira que o pontífice utilizou ao celebrar a missa campal na cidade está guardada no acervo histórico da igreja.

AMAZONAS

PROGRAME-SE
Aproveite que está na região central para visitar o suntuoso Teatro Amazonas (1896). Preste atenção às pinturas no teto, do artista italiano Domenico de Angelis. Elas criam uma ilusão de ótica dando movimento às musas que descem das alturas sobre a floresta. Próximo fica o Palacete Provincial (1874), ocupado por cinco museus, e o Palácio Rio Negro (1903), antiga residência do barão Waldemar Scholz no auge do Ciclo da Borracha.

121

Santuário Nossa Senhora de Fátima
MANAUS

Av. Tarumã, s/n – Praça 14 de Janeiro
Tel. (92) 3234-3312

O TEMPLO No século 19 o santo de afeto do bairro Praça 14 de Janeiro era São Benedito, cuja crença foi trazida por migrantes do estado do Maranhão. Cem anos depois, na década de 1940, a colônia portuguesa introduziu a devoção a Nossa Senhora de Fátima, que assumiu o posto oficial de patrona do bairro com a construção do santuário. A abertura oficial do templo aconteceu no dia 13 de maio de 1960, em comemoração aos 50 anos da presença dos freis capuchinhos no Amazonas.

DETALHES DE FÉ O santuário tem vitrais italianos próximos à cúpula ❶. As pinturas ao redor do domo são feitas em cerâmica e contam a história bíblica da Via Sacra. Preste atenção nas belas pinturas internas, feitas em 2006 e 2007 pela artista plástica gaúcha Clarice Jaeger. Em 2016, o templo recebeu a visita da imagem peregrina de Nossa Senhora de Fátima, diretamente de Portugal. A visita fez parte das comemorações do centenário das aparições da Virgem Maria na cidade portuguesa.

PROGRAME-SE
Prepare-se para curtir o clima quente da cidade durante o ano todo. Para matar a sede e aliviar o calor, a pedida são os sucos de frutas regionais, como cupuaçu, taperebá, graviola e camu-camu, que tem 30 vezes mais vitamina C do que a laranja. No inverno amazônico (dezembro a junho) chove bastante e é quando os rios ficam cheios e a floresta alaga. Na seca (julho a novembro), praias formam-se na beira dos rios nas proximidades da capital. Protetor solar, repelente de insetos, óculos escuros e bonés são imprescindíveis.
É recomendável tomar vacina contra a febre amarela dez dias antes do embarque para Manaus.

AMAZONAS

Basílica de Nossa Senhora de Nazaré
BELÉM

Av. Nazaré, 1300 – Nazaré
Tel. (91) 4009-8400

O TEMPLO Segundo as tradições católicas, em 1700 o caboclo Plácido José de Souza teria encontrado uma imagem de Nossa Senhora de Nazaré às margens do igarapé Murutucu, que corria pela atual travessa 14 de Março. De acordo com a lenda, Plácido levou a estátua para casa diversas vezes, mas ela sempre desaparecia. No dia seguinte, a santa era localizada no igarapé. Duzentos anos depois, em 1909, o templo em honra à Virgem de Nazaré foi erguido pelos freis barnabitas no mesmo local em que Plácido encontrou a misteriosa imagem. A Basílica de Nazaré ❶, terceira a receber este título no Brasil e primeira na região Norte, é uma réplica em menor escala da Basílica de São Paulo Extramuros, em Roma, na Itália. Mede 20 metros de altura e 24 metros de largura, exatamente a metade das dimensões da igreja romana.

DETALHES DE FÉ De estilo neoclássico e eclético, foi projetada pelos arquitetos genoveses Gino Coppedé e Giuseppe Predasso. As paredes internas são forradas com mosaicos de pedras e as janelas, ornadas com 54 vitrais. Tem cinco naves ❷, 36 colunas de granito italiano e duas capelas que ladeiam o altar-mor, uma dedicada ao Sagrado Coração de Jesus e outra a Nossa Senhora do Brasil. Preste atenção às 19 estátuas em mármore de Carrara, aos dois candelabros de bronze e ao órgão de 1,1 mil tubos. A santa fica no topo do altar, protegida por um vidro blindado ❸. Na praça, em frente, há uma réplica da imagem, onde fiéis amarram fitinhas e fazem pedidos.

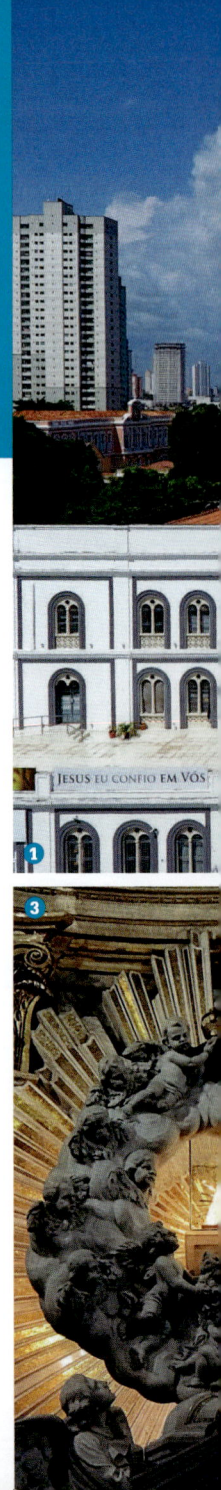

PARÁ

PROGRAME-SE
O termo círio vem da palavra latina *cereus*, que significa vela ou tocha grande.
A procissão do Círio de Nazaré é realizada em Belém desde 1793 e reúne mais de 2 milhões de fiéis em seu cortejo principal, sempre nas manhãs do segundo domingo de outubro. As festividades do Círio duram 15 dias e incluem elementos simbólicos como a corda, os brinquedos de miriti, a berlinda e o manto da santa.

FOTOS LUIZ VOGEL

Catedral Metropolitana de Nossa Senhora das Graças
BELÉM

Praça Dom Pedro II, s/n – Cidade Velha
Tel. (91) 2121-3724

O TEMPLO A primeira capela dedicada a Nossa Senhora das Graças foi construída em 1616, no antigo Forte do Presépio, sendo depois transferida para o local atual. Em 1719 foi elevada à categoria de catedral, mas as obras de ampliação do templo vieram apenas em 1748. Naquela época, o estilo barroco ainda predominava na Península Ibérica, de onde vinham todas as influências para o antigo estado do Grão-Pará, influenciando o projeto do arquiteto Antônio José Landi. Sua fachada é barroca ❶, mas o interior é ricamente decorado em estilo neoclássico. Até o final do século 19, tinha um altar-mor de madeira, em estilo barroco-rococó, com um retábulo que emoldurava uma tela de Nossa Senhora das Graças, do pintor Alexandrino de Carvalho. Depois, com a promessa de tornar a igreja da Sé uma bela catedral, o bispo do Pará, Dom Antônio de Macedo Costa, começou a realizar inúmeras reformas em seu interior e o templo ganhou novos altares, painéis e piso de mármore.

DETALHES DE FÉ O altar-mor atual ❷, de mármore e alabastro, veio de Roma como um presente do papa Pio IX, sendo esculpido por Leca Caprini em estilo neoclássico. Os altares laterais expõem telas do pintor Domenico de Angelis ❸ onde, originalmente, existiam telas do pintor Alexandrino de Carvalho. Os altares das capelas acompanham o estilo do altar-mor e estão sob a invocação de Nossa Senhora das Graças e do Santíssimo Sacramento. A decoração e os afrescos da abobada ❹ são dos pintores De Angelis e Lottini. As pinturas se referem à fé e à caridade. Repare no órgão francês Cavaillé-Coll ❺, de oito metros de altura e cerca de 25 mil peças, inaugurado em 1882. O instrumento, criado por Aristide Cavaillé-Coll, considerado o mais importante organeiro do século 19, foi restaurado em 1996.

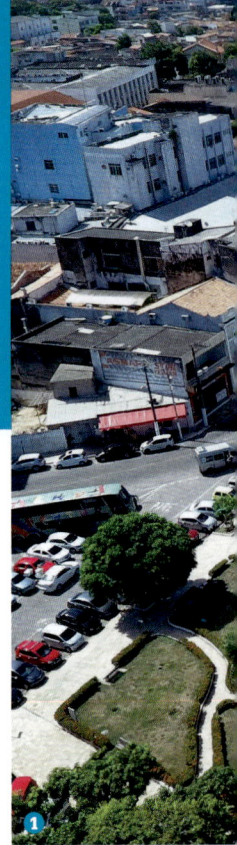

PARÁ

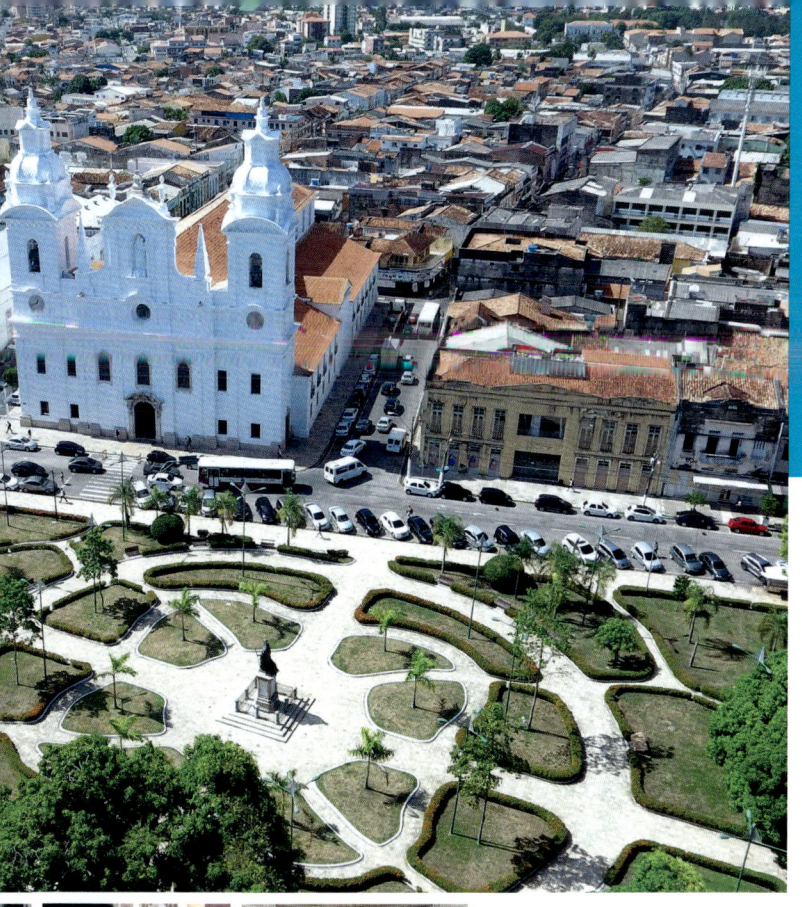

PROGRAME-SE
O templo é um dos palcos principais do Círio de Nazaré. Na manhã do segundo sábado de outubro, um cortejo fluvial transporta a imagem da Virgem de Nazaré do distrito de Icoaraci até o Porto das Docas. De lá, a santa segue escoltada por uma moto-romaria até o Colégio Gentil Bittencourt. À noite, os romeiros fazem a Trasladação, que é a condução da Virgem até a Catedral Metropolitana.

FOTOS LUIZ VOGEL

127

Igreja Nossa Senhora das Mercês
BELÉM

Travessa Frutuoso Guimarães, 31 – Campina
Tel. (91) 3212-3102

O TEMPLO A igreja Nossa Senhora das Mercês foi fundada pelos padres mercedários, que se fixaram no Pará em 1640, iniciando a construção de um pequeno convento, feito com taipa coberta por palha. Logo em seguida, veio a igreja erguida com taipa-de-mão e pilão, com projeto do arquiteto italiano Antônio José Landi. Com a expulsão dos padres mercedários do Pará para o Maranhão, em 1794, o convento foi transformado em alfândega e o templo, em depósito de sal. Depois da proclamação da República, em 1889, a igreja foi entregue ao Arcebispado. No século 19, o local foi revestido de pedra em alvenaria, sendo reaberto em 1913 para celebrações litúrgicas. Após um grande incêndio no convento, que atingiu parcialmente a igreja, em 1986 foi feita a reintegração do conjunto pelo Instituto do Patrimônio Histórico e Artístico Nacional (Iphan).

DETALHES DE FÉ Preste atenção na fachada convexa e nas linhas onduladas ❶, exemplo raro entre as igrejas do país. O templo tem planta em nave única e, ao lado, capelas ❷. Mais recente, o ostensório de 1,80 metro, feito de madeira e revestido em folhas de ouro ❸, tem lugar de destaque no altar-mor desde o começo do século 21.

PARÁ

PROGRAME-SE
Durante a Semana Santa há duas procissões que representam o trajeto de Jesus antes da crucificação. Na manhã da sexta-feira da Paixão, imagens de Cristo e de Nossa Senhora das Dores são levadas para a Igreja das Mercês. A procissão que conduz o Senhor dos Passos sai da Basílica de Nazaré. Ao mesmo tempo, o cortejo que leva a imagem de Nossa Senhora das Dores parte da capela de São João Batista e percorre as ruas da Cidade Velha.

FOTOS LUIZ VOGEL

129

Santuário Nossa Senhora Aparecida
PORTO VELHO

R. José Amador dos Reis, 2810 – JK I
Tel. (69) 3226-1355

O TEMPLO Criado em 1982, Rondônia é um dos mais jovens estados brasileiros. É povoada pela mistura de indígenas e migrantes de todo o país, que chegaram ao seu território no início do século 20 para a construção da Ferrovia Madeira-Mamoré e, posteriormente, em busca das oportunidades de trabalho em garimpos, pecuária e madeireiras. O templo dedicado a Aparecida foi construído pouco depois da criação do estado, originalmente consagrado a São Tiago Maior. Em 1987, o arcebispo metropolitano de Porto Velho, Dom José Martins da Silva, e o bispo italiano Dom Vitório Mondello celebraram uma missa junto a uma cruz no local em que a prefeitura da capital havia doado um terreno para a elevação de uma nova igreja. Um ano depois, em 18 de dezembro de 1988, nascia a Paróquia São Tiago Maior Apóstolo pelas mãos do padre diocesano Innocenzo Mangano. A adoração à Virgem de Aparecida e a mudança de nome do templo ocorreu em 1997. A consagração do santuário foi realizada em 7 de dezembro de 2008, por decreto assinado pelo arcebispo Dom Moacyr Grechi, que presidiu a solenidade. A igreja comporta 1,8 mil fiéis sentados e atualmente é administrada pelos freis capuchinhos.

DETALHES DE FÉ Com uma construção em estilo eclético, em forma de hexágono ❶, o santuário é inteiramente revestido de tijolinhos à vista, tanto do lado externo, quanto interno. Note a imagem de Nossa Senhora Aparecida ❷, vinda do Santuário Nacional, em São Paulo. Chama a atenção o altar de madeira esculpido num tronco único de árvore com imagens da Santa Ceia e representações da vida na Amazônia.

RONDÔNIA

FOTOS PARÓQUIA SANTUÁRIO NOSSA SENHORA APARECIDA

PROGRAME-SE
Ao lado da Associação São Tiago Maior fica o Museu Internacional do Presépio. É o segundo do gênero no mundo e tem mais de mil presépios de tamanhos variados, confeccionados com diversos materiais: palha, tecido, prata, madeira e cerâmica. São obras de artistas de todo os estados brasileiros e de 50 países. O presépio permanente, tombado como Patrimônio Artístico do Estado de Rondônia, é o cenário que mais se destaca. Com luzes e narração, ele conta a história bíblica da criação do mundo até a ressurreição de Cristo.
R. Mané Garrincha, 3154 – Socialista.
(69) 3214-7443.

Igreja Matriz Nossa Senhora do Carmo
BOA VISTA

R. Floriano Peixoto, 157 – Centro
Tel. (95) 3224-2578

O TEMPLO Em 1725, frades carmelitas fundaram várias missões em Roraima, a exemplo da Missão do Carmo, posteriormente elevada a Freguesia Nossa Senhora do Carmo do Rio Branco, em 1858. Um dos objetivos deste ato era fortalecer a presença do governo na região e afastar qualquer possibilidade da perda do território para outros países. A freguesia fazia parte do município de Moura onde, anos mais tarde, em 1890, criou-se Boa Vista do Rio Branco. O templo original data de 1892, ainda sob comando carmelita. Porém, em 1909, os padres beneditinos receberam a paróquia e fizeram uma grande reforma, construindo uma nova igreja com características bem diferentes. Ao longo dos anos, o templo sofreu várias transformações, sendo restaurado para os padrões originais da Alemanha a partir de 2005.

DETALHES DE FÉ Na década de 1920, sob a responsabilidade de monges beneditinos, ganhou traços de estilo germânico, incluindo a construção de um átrio e uma torre. Durante a restauração, no início do século 21, foram descobertas as pinturas originais. No interior, veja as paredes com pintura marmorizada, o piso em ladrilho português e o forro decorado. A igreja também ganhou dois altares laterais, uma nova Via Sacra, balaustrada e um conjunto de prataria belga.

PROGRAME-SE
Boa Vista foi planejada em forma de leque, tem ruas largas, bem iluminadas e arborizadas. A parte histórica tem construções que datam desde 1892, como a casa dos descendentes de Bento Ferreira Marques Brasil, um dos desbravadores da região. No período de estiagem, de outubro a março, o nível das águas do rio Branco diminui, proporcionando a prática da pesca e dos esportes náuticos, além da formação de praias naturais.

RORAIMA

Santuário Nossa Senhora de Fátima
PALMAS

308 Sul Alameda 7, lote 1 – Plano Diretor Sul
Tel. (63) 3218-8500

O TEMPLO Antes da construção do santuário era costume da comunidade se reunir para rezar o terço debaixo de um pé de pequi, um fruto típico da região do Cerrado. Em abril de 1993, sob a sombra do pequizeiro, foi celebrada a primeira missa e, no mesmo ano, oficializado o nome da padroeira Nossa Senhora de Fátima. A pedra fundamental da igreja foi lançada no dia 18 de agosto de 1996 pelo Arcebispo de Palmas. A ordem religiosa que fundou o santuário e o administra hoje é a Congregação dos Sagrados Estigmas de Nosso Senhor Jesus Cristo, os estigmatinos. Em homenagem aos padres da ordem, a irmandade decidiu pela escolha das relíquias de São Gaspar Bertoni, fundador da congregação, para compor os ornamentos sagrados do templo.

DETALHES DE FÉ Construído em estilo contemporâneo ❶ o santuário tem uma nave e uma capela, onde fica o sacrário. No altar, chama a atenção um terço gigante de madeira maciça com corrente galvanizada ❷, medindo 23 metros de altura e pesando cerca de 200 quilos. Observe também o quadro de azulejos que recria a cena da aparição da Virgem de Fátima para as três crianças pastorinhas, obra do artista plástico D. J. Oliveira. A imagem de Nossa Senhora veio de Portugal. Na área externa há 15 painéis pintados sobre azulejos representando as estações da Via Sacra ❸, confeccionados pelo artista plástico mineiro Luiz Olinto.

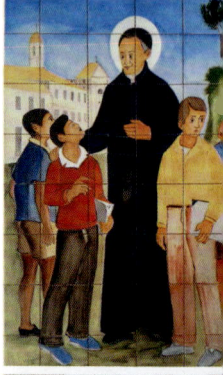

FOTOS ÉCIO MARQUES

TOCANTINS

PROGRAME-SE
A capital mais nova do país, fundada em 1989, é totalmente planejada, com avenidas largas e rotatórias enfeitadas com jardins. Palmas é a cidade-base para visitar um dos cenários mais exuberantes do Brasil: o Parque Estadual do Jalapão, a 300 quilómetros. Há cachoeiras de águas cristalinas, piscinas naturais, chapadões e dunas alaranjadas de até 40 metros de altura. Mais perto e menos radical, outro bom programa são as 70 cachociras de Taquaruçu, a 27 quilómetros dPalmas. As quedas mais famosas são a Roncadeira e a Escorrega Macaco, com boas duchas.

Igreja Nossa Senhora do Carmo, Belo Horizonte

REGIÃO SUDESTE

Catedral Metropolitana Nossa Senhora da Vitória
VITÓRIA
Praça Dom Luiz Scortegagna, s/n – Centro
Tel. (27) 3223-0590

O TEMPLO A Catedral Metropolitana de Vitória foi construída na Cidade Alta, onde ficava a antiga igrejinha dedicada a Nossa Senhora da Vitória, erguida em 1550. Naquela época, as terras pertenciam ao primeiro donatário da capitania hereditária do Espírito Santo, Vasco Fernandes Coutinho, e a região ainda se chamava Vila Nova. Apenas em 1920 o antigo templo, transformado em igreja matriz, foi demolido para dar início às obras da catedral. Os governantes desejavam modernizar a capital do estado e, para isso, uma igreja maior e com estilo grandioso seria mais condizente com o novo período político e econômico da Primeira República. A construção acabou sendo feita aos poucos, terminando apenas em 1970. A nave foi inaugurada nos anos 1930 e as torres, na década de 1950. O projeto inicial era do arquiteto Paulo Motta, o mesmo criador do Parque Moscoso, o mais antigo da capital capixaba, aberto em 1912. Entretanto, com a demora da obra, a planta inicial se modificou, tendo recebido colaboração de vários artistas e arquitetos ao longo das décadas. A catedral foi restaurada em 2015.

DETALHES DE FÉ Símbolo da cidade, a catedral tem estilo arquitetônico neogótico ❶, inspirado na Catedral de Colônia, na Alemanha. Ostenta duas torres sineiras em forma de cruz e um frontão minuciosamente decorado, sobre o qual está a imagem de Nossa Senhora da Vitória ❹. Mas é seu interior que fascina graças à beleza dos vitrais que retratam a vida dos santos, com destaque para as janelas estreitas e altas das esquadrias da nave ❷. A maior parte das pinturas em vidro foi executada pelo artista e vitralista italiano César Alexandre Formenti, do Atelier Formenti, no Rio de Janeiro. Preste atenção ao vitral de Santa Cecília, no coro ❸. É o maior do templo e está em posição imponente, acima dos demais. Padroeira da música, a santa é mostrada em êxtase auditivo. Ela aparece tocando uma harpa acompanhada por dois anjos ajoelhados e com as mãos no peito, em um gesto de reverência.

ESPIRITO SANTO

PROGRAME-SE
Caminhar pelo centro de Vitória é um programa imperdível. Também conhecido como Cidade Alta, o bairro revela um patrimônio histórico e religioso bem preservado. Depois de sair da Catedral Metropolitana, conheça o Palácio Anchieta. O prédio abrigou um convento até se tornar sede do governo estadual – vá aos finais de semana, quando a luxuosa residência fica aberta. Depois, siga pela rua José Marcelino da Costa para chegar à Capela de Santa Luzia. Do século 16, é a construção mais antiga da cidade. A próxima parada é na Igreja de São Gonçalo (1707). Em seguida, vá ao Convento São Francisco (1591), onde só a fachada é original.

FOTOS EMILLA BREDA

Igreja Nossa Senhora do Rosário
VITÓRIA

Rua do Rosário, s/n – Centro
Tel. (27) 3235-7444

O TEMPLO Iniciada em 1765, sua estrutura principal foi erguida em apenas dois anos pelos membros da Irmandade de Nossa Senhora do Rosário dos Homens Pretos. Tem como principais devoções Nossa Senhora do Rosário e São Benedito. A igreja fica afastada do núcleo original da povoação da Vila de Vitória. Sua entrada principal é acessada por uma escadaria que, no século 16, ficava voltada para o mar. Um cemitério foi construído ao lado do templo, garantindo um enterro cristão para as pessoas escravizadas e também negros livres, já que os cemitérios públicos não os aceitavam, fossem alforriados ou não. Tombada pelo Instituto do Patrimônio Histórico e Artístico Nacional (Iphan) em 1946.

DETALHES DE FÉ A igreja mantém as características originais da fachada colonial e o frontão barroco, ❶ além do cemitério e dos ossuários em seus corredores. Note ao lado, onde funcionou antigamente a Casa de Leilão, cujo objetivo era arrecadar dinheiro para comprar a alforria de pessoas escravizadas. No local, hoje existe um pequeno museu que resgata a história da igreja com imagens e peças utilizadas pela Irmandade de São Benedito. O acervo inclui antigas vestes e um andor usados pelos fiéis durante as famosas procissões de São Benedito. Uma delas, ocorrida no século 19, virou caso de polícia. Segundo os registros, a Irmandade devota de São Benedito se reunia todos os anos no Convento de São Francisco e saía em procissão com a imagem do santo, em 27 de dezembro. Em 1832, chovia e o pároco do monastério não permitiu que o cortejo saísse com a imagem. A partir daí, criou-se uma rivalidade entre as duas comunidades, apelidadas de Caramurus e Peroás – nomes tirados de peixes da região e que representavam as irmandades franciscana e de São Benedito, respectivamente. A confusão explodiu com o roubo da imagem de São Benedito pela Irmandade do Rosário, em 1833. Até hoje a figura do santo está sob a guarda da Irmandade do Rosário, a única que sobreviveu ao tempo.

ESPÍRITO SANTO

PROGRAME-SE
A Festa de São Benedito é bastante popular entre os capixabas desde 1945. A partir da segunda semana de dezembro, prepare-se para ver a tradicional Fincada do Mastro nos bairros de Goiabeiras, Fonte Grande e em Santa Martha, centros da cultura popular local. No dia 27, data comemorativa do santo, acontece a Procissão de São Benedito, com concentração na Igreja Nossa Senhora dos Pretos, no centro histórico, e caminhada até a Catedral Metropolitana. O final da tarde é marcado pelas congadas, uma festa folclórica que une tradições e o sincretismo religioso entre africanos e europeus.

Basílica Nossa Senhora de Lourdes
BELO HORIZONTE

R. da Bahia, 1596 – Lourdes
Tel. (31) 3213-4656

O TEMPLO A história da basílica começou na virada do século 20. Em 1900, Nossa Senhora de Lourdes era venerada em uma pequena capela no centro de Belo Horizonte. Até que, naquele mesmo ano, chegou de Paris uma imagem da santa, que foi entronizada em uma gruta artificial, feita com pedras mineiras, onde fica hoje o santuário. A ideia era recriar o ambiente em que, em 1858, a Virgem Maria teria aparecido para a jovem Bernadette Soubirous, na França. Em 1911, desembarcam na capital mineira os primeiros missionários clarentianos: padres Berenguer, Gregório Agoitá, André Balselles e Sebastião Pujol, este último designado pároco do templo. A eles foi concedido o uso perpétuo da capela. Finalmente, em 1922, com a obra ainda inacabada, foi celebrada a missa inaugural. Em 1958, aconteceu a solenidade de sagração do santuário, elevado à categoria de Basílica pelo papa Pio XII.

DETALHES DE FÉ Com arquitetura predominantemente neogótica ❶, o prédio da Basílica de Lourdes impressiona devido à imponência causada pelas torres – a maior tem 54 metros de altura. Observe na fachada frontal da parte externa a imagem de Nossa Senhora de Lourdes, bem ao centro. O projeto arquitetônico original veio de Córdoba, na Argentina, mas recebeu acréscimos, como um cruzeiro e duas naves laterais, desenvolvidos pelo famoso arquiteto português Manoel Ferreira Tunes. Note o belo órgão ❷ de 400 tubos, adquirido em 1950. Uma das maiores atrações do templo é a Capela da Ressurreição, que mantém um presépio permanente, réplica das igrejas históricas de Minas Gerais, e os quadros originais da Via Sacra ❸ da Basílica. O Museu Padre Sebastião Pujol integra o conjunto arquitetônico. Seu acervo reúne peças sacras, plantas originais da construção da basílica, objetos litúrgicos e imagens. Faz parte do museu o arquivo bibliográfico, que soma atas, escritos históricos e fotos de todos os períodos do santuário.

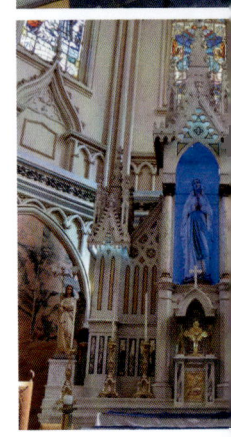

MINAS GERAIS

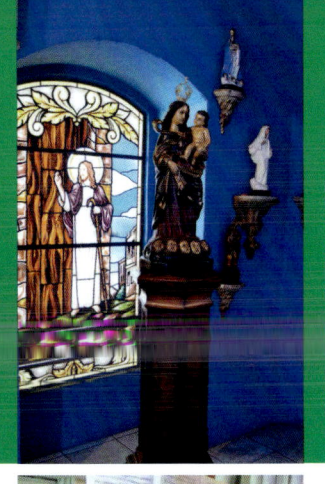

PROGRAME-SE

Do bairro de Lourdes, vá para a Pampulha. Ali fica a magnífica Igreja de São Francisco de Assis. Uma obra-prima do Conjunto Arquitetônico da Pampulha, tem o título de Patrimônio Cultural da Humanidade, dado pela Unesco. Projetada pelo arquiteto Oscar Niemeyer, foi considerada uma grande inovação arquitetônica em 1945. Seu interior abriga a Via Sacra de Cândido Portinari. O artista também é responsável pelo painel de azulejos azuis que adorna a construção. Os jardins são assinados por Burle Marx e os baixos-relevos em bronze foram esculpidos por Alfredo Ceschiatti. *Av. Otacílio Negrão de Lima, 3.000.*

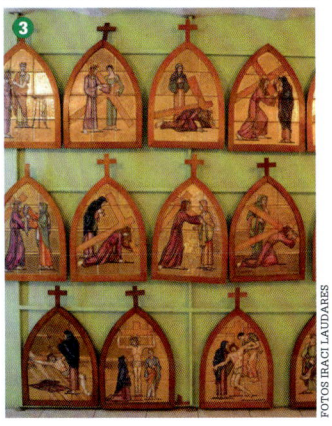

Igreja Nossa Senhora da Boa Viagem
BELO HORIZONTE

R. Sergipe, 175 – Funcionários
Tel. (31) 3222-2361

O TEMPLO No começo do século 18, o português Francisco Homem del Rei se estabeleceu na região onde hoje fica Belo Horizonte. Na bagagem, ele trouxe uma imagem da padroeira dos navegantes lusitanos, Nossa Senhora da Boa Viagem, que o acompanhou na perigosa travessia do Atlântico. Para agradecer e homenagear a santa, Francisco ergueu em suas terras uma pequena capela de pau-a-pique. O singelo templo ficava no meio da rota dos tropeiros, que passavam transportando as riquezas do interior do país. Ao longo dos anos o número de fiéis só cresceu e a capelinha ficou pequena demais para acomodar tanta gente. Em seu lugar foi erguido um templo maior. Com a ampliação e modernização da capital mineira, em 1923 foi inaugurada a atual igreja, data em que Belo Horizonte foi oficializada como arcebispado. Desde os anos 1930 a igreja é um Santuário Arquidiocesano de Adoração Perpétua. Isso significa que a adoração é realizada especialmente por leigos e leigas, fiéis chamados de adoradores. O Santíssimo Sacramento permanece exposto 24 horas por dia e os devotos dedicam pelo menos uma hora para rezar. A adoração está organizada em dois grupos: diurno e noturno. Hoje existem mais de 60 grupos de adoradores no Santuário Arquidiocesano, que se revezam dia e noite para nunca deixarem o Santíssimo sozinho.

DETALHES DE FÉ A igreja abriga um conjunto arquitetônico de estilo neogótico ❶. Os vitrais ❷ foram doados pelo Apostolado da Oração e nele estão representados os padroeiros que São Pedro Julião Eymard escolheu para venerar: Miguel Arcanjo, José, Pedro, Paulo e João Evangelista. O templo também ganhou a Capela São Pedro Julião Eymard. Ela acolhe o Santíssimo Sacramento nos horários das celebrações. No lado externo, veja a estátua de Nossa Senhora da Boa Viagem ❸, com mais de três metros de altura, que fica no jardim. Esculpida com as pedras mineiras mica e granito, foi doada pela artista plástica Vilma Noël.

MINAS GERAIS

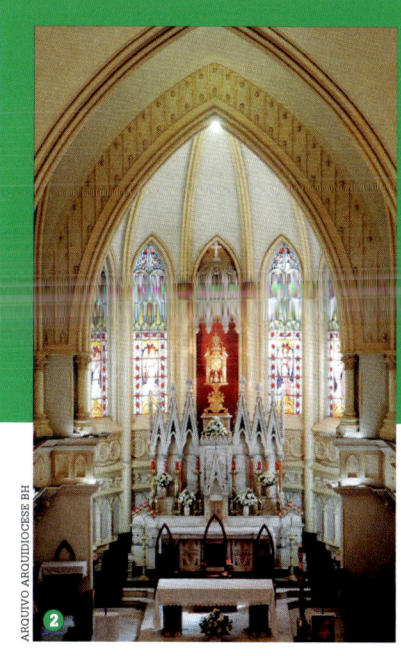

PROGRAME-SE

A festa em homenagem à padroeira de Belo Horizonte é realizada de 6 a 15 de agosto, dia da santa. Nesse período há novenas, missas e quermesse. A Caminhada com Maria, peregrinação que percorre as 18 igrejas com a denominação de Maria na arquidiocese da cidade, também faz parte das celebrações. Ela acontece sempre no domingo, dentro do período da novena, e é acompanhada por centenas de devotos. Outro ponto alto é a Procissão Luminosa. Às 17h do dia 15, os fiéis acendem velas e se reúnem na praça Rio Branco à espera da imagem da padroeira, que sai do município de Confins em carreata. A partir da avenida Afonso Pena, a romaria segue em direção à Igreja Nossa Senhora da Boa Viagem, quando é celebrada uma missa campal, presidida pelo arcebispo.

Igreja Nossa Senhora do Carmo
BELO HORIZONTE

R. Grão Mongol, 502 – Carmo
Tel. (31) 3221-3055

O TEMPLO Até a década de 1940 o bairro do Carmo era conhecido como Mendonça, habitado por gente pobre e simples. Este foi o local escolhido para a fundação de uma nova paróquia sob a orientação da Ordem Carmelita, pois o único templo cristão da região era a Capela de Jesus Operário. E assim, em 1941, foi inaugurada a Paróquia de Nossa Senhora do Carmo. Com o passar dos anos, decidiu-se ampliar o santuário, uma obra que ficou pronta em 1963. Desde o início criou-se uma comunidade bastante unida e engajada socialmente. Ainda nos anos 1940, a igreja iniciou um serviço assistencial em benefício das pessoas carentes do bairro. Surgiu, então, o Lactário Nossa Senhora do Carmo, que fornecia leite para crianças desnutridas. Atualmente, serviços médicos de diversas especialidades são oferecidos no ambulatório Carmo-Sion (ACS), junto à paróquia. As consultas têm preços populares e são voltadas à população de baixa renda.

DETALHES DE FÉ De estilo eclético ❶, ampla e muito iluminada, o que mais chama a atenção na igreja são os belos vitrais, feitos pela tradicional Casa Conrado, de São Paulo. Preste atenção aos mosaicos ❷ do presbitério, aos anjos e à Via Sacra, obras do artista italiano Alfredo Mucci. Vários freis que ali serviram eram holandeses e por isso vieram da Holanda artefatos importantes como o tabernáculo, os grandes castiçais, o carrilhão com 37 sinos ❸ e o relógio da torre.

PROGRAME-SE
O Mercado Central abriga mais de 400 lojas. Ele tem até corredores temáticos, dedicados a produtos como queijos, doces, artesanato, ervas, raízes e artigos religiosos. Entre os artigos mais procurados estão a goiabada e o famoso queijo minas. *Av. Augusto de Lima, 744 – Centro.*

MINAS GERAIS

Santuário Nossa Senhora da Piedade
CAETÉ, 48KM

Alto da Serra da Piedade, s/nº – Caeté
Tel. (31) 3651-6335

O TEMPLO O Santuário de Nossa Senhora da Piedade ❶, localizado a 48 quilómetros de Belo Horizonte, é um dos grandes locais de peregrinação religiosa de Minas Gerais. Sua história começa no século 18, quando os portugueses Antônio da Silva Bracarena e Irmão Lourenço, fundador do Colégio do Caraça, construíram na Serra da Piedade um rústico eremitério dedicado a Nossa Senhora da Piedade, santa pela qual tinham grande devoção. Em 30 de setembro de 1767, a Ermida da Padroeira ❷ abria suas portas no alto da montanha pela primeira vez. Em 1856, o frei capuchinho Luiz de Ravena ampliou a capela, pequena para comportar o número de fiéis. Um século depois, em 1958, a Santíssima Virgem Maria foi decretada pelo papa João XXIII padroeira do estado de Minas Gerais. Em 1960, o templo foi elevado à condição de Santuário Estadual. E em 2010, o Conselho Consultivo do Patrimônio Cultural do Iphan estendeu o tombamento do conjunto arquitetônico e urbanístico da Serra da Piedade.

DETALHES DE FÉ Na Ermida encontra-se a imagem ❸ de Nossa Senhora da Piedade. Esculpida em madeira de cedro no século 18, a escultura é atribuída a Antônio Francisco Lisboa, o Aleijadinho. Ladeando a nave única encontram-se dois pequenos corredores, espaços antigamente destinados à pousada dos romeiros. Hoje, as passagens laterais abrigam a Capela do Sagrado Coração de Jesus e a Capela do Santíssimo Sacramento, ou de São José. Nelas, observe os painéis de azulejos ❹ com pinturas desenhadas pela pintora Maria Helena Andrés, e confeccionadas por Gianfranco Cavedoni Cerri.

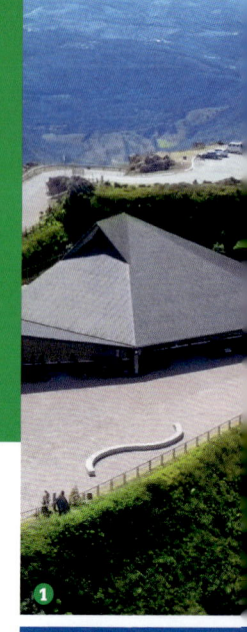

MINAS GERAIS

PROGRAME-SE
Há muito o que conhecer neste complexo religioso. Comece pela Igreja Nova das Romarias, edificada a partir de 1974. Admire os murais de cerâmica fosca que revestem as paredes. Depois, siga para o Caminho das Dores de Maria, que reúne mosaicos que retratam sete momentos da vida da Mãe de Jesus. À tarde, percorra a Via Sacra, o Jardim das Oliveiras, com 75 exemplares da árvore, e as esculturas do Calvário, moldadas em ferro por Vlad Eugen Poenaru. Finalize a visita na Cripta São José, onde estão sepultados frei Rosário Jofylly e padre Virgílio Resi, grandes personalidades na história do Santuário Nossa Senhora da Piedade. Se desejar, hospede-se na Casa dos Peregrinos Dom Silvério, que acomoda até 38 pessoas. É preciso reservar com antecedência pelo telefone (31) 3651-6325.

Igreja Nossa Senhora da Candelária
RIO DE JANEIRO

Praça Pio X, s/n – Centro
Tel. (21) 2233-2324

O TEMPLO A construção da igreja da Candelária é baseada em uma história curiosa. Conta-se que sua origem veio de uma promessa feita pelos portugueses Antonio Martins da Palma e sua esposa, Leonor Gonçalves, no século 17. Eles vinham para o Brasil, onde esperavam iniciar uma nova vida, mas no meio do Atlântico uma forte tempestade quase afundou o navio. Devotos de Nossa Senhora da Candelária, o casal prometeu que erguiria um templo em seu louvor caso chegassem sãos e salvos ao Rio de Janeiro. O juramento foi cumprido e, em agosto de 1634, a praça Pio XI ganhou uma pequena capela. Em 1775, devido à má conservação da igrejinha, decidiu-se pela construção de um novo templo. Em 1811, com a presença de Dom João VI, celebrou-se a primeira missa do santuário, ainda em reformas, e somente no ano de 1898 a igreja foi inaugurada no formato atual ❶ inspirado na Basílica da Estrela, em Lisboa. Atualmente, sem o impedimento do Elevado da Perimetral, implodido para as obras do Porto Maravilha, em 2013, a igreja voltou a ter vista para o mar. O templo foi tombado pelo Iphan em 1985.

DETALHES DE FÉ O projeto original é atribuído ao engenheiro militar Francisco João Roscio. A igreja conta com três naves, transepto, cúpula e capela-mor. Podem ser observadas características de três períodos diferentes de obras: barroco pombalino (frontaria e transepto); neoclássico (cúpula e decoração interior); eclético (corredores laterais). O topo arredondado das duas torres sineiras é revestido por azulejos. O espaço interno é formado por planta em cruz latina e no século 19 foram adicionadas duas naves laterais. No altar-mor, ❷ veja Nossa Senhora da Candelária entronizada com vitral que funciona como retábulo. Note o revestimento das paredes e dos altares, realizado em mármore branco de Carrara e mármore rosa de Verona, evidenciando a influência da arte italiana na decoração. Os púlpitos foram feitos em bronze pelo escultor Rodolfo Pinto do Couto.

RIO DE JANEIRO

PROGRAME-SE
A igreja é o lar da Irmandade do Santíssimo Sacramento da Candelária, entidade beneficente responsável por atividades como a manutenção do Pensionato Frei Antônio e do Educandário Gonçalves de Araújo. Periodicamente a Irmandade também promove no santuário exposições fotográficas e encontros para resgate e divulgação da história e da arte da Candelária.

151

Igreja da Ordem Terceira de Nossa Senhora do Monte do Carmo
RIO DE JANEIRO

Rua 1º de Março, 14 – Centro
Tel. (21) 2242-4828

O TEMPLO Os frades carmelitas desembarcaram no Brasil no século 16. Na época, os primeiros cultos eram rezados no Convento dos Carmelitas. Com o passar dos anos e o fortalecimento da irmandade, em 1661 foi erguida uma capela no terreno do monastério. Mais uma vez, houve necessidade de ampliar o santuário para atender a demanda dos fiéis. Então, em 1755, foi lançada a pedra fundamental da Igreja da Ordem Terceira de Nossa Senhora do Monte do Carmo. O projeto é de Francisco Xavier Vaz de Carvalho e o adro é de autoria do mestre Manuel Alves Setúbal. O templo, tal qual o vemos hoje, foi concluído em 1770. No entanto, as torres campanárias só foram instaladas em 1850.

DETALHES DE FÉ Sua arquitetura tem características barrocas. Chama a atenção a fachada de granito, ❶ uma das poucas da cidade com a frontaria toda revestida de pedras. O medalhão de lioz da Virgem, sobre a porta de entrada, foi trazido de Lisboa em 1761. Com uma só nave e capela-mor, tem como destaque a Capela do Noviciato. Construída em 1772, essa capela era usada exclusivamente para a iniciação de novos religiosos na Ordem Terceira. Preste atenção na magnífica talha dourada sobre o fundo claro, uma obra-prima do rococó, executada por Mestre Valentim, um dos artistas plásticos mais talentosos de sua época. Em seu altar-mor, note a mesa em forma de sarcófago que tem ao fundo um nicho central com a imagem de Nossa Senhora do Amor Divino, trazida de Portugal. De volta ao templo principal, observe as talhas rococós, de autoria de Luís da Fonseca Rosa e de Mestre Valentim. No altar-mor, revestido de prata, estão as imagens de Nossa Senhora do Carmo e do Cristo Crucificado ❷. A Virgem do Carmo é ladeada pelas santas Emerenciana, Sant'Ana e Teresa D'Ávila. Nos altares laterais ❸, iluminados por lampadários de prata, também de autoria de Mestre Valentim, observe os Passos da Paixão de Cristo.

RIO DE JANEIRO

PROGRAME-SE
O santuário está situado no coração de uma das regiões que foram restauradas para receber os Jogos Olímpicos de 2016. A área do Porto Maravilha mescla atrações antigas às novas. Caminhe pelo Boulevard Olímpico, um calçadão de 3,5 quilômetros que leva tanto às novidades, como o aquário AquaRio, o Museu do Amanhã e o Museu de Arte do Rio de Janeiro (MAR), quanto a passeios tradicionais.

FOTOS ALEXANDRE MACIEIRA/RIOTUR

Igreja de Nossa Senhora da Glória do Outeiro
RIO DE JANEIRO

Praça Nossa Senhora da Glória, s/n – Glória
Tel. (21) 2557-4600

O TEMPLO Como tantos outros santuários brasileiros erguidos de forma espontânea, o de Nossa Senhora da Glória foi construído por volta de 1671 por Antônio Caminha, um imigrante português. Naquela época era apenas uma pequena capela no topo do Outeiro, no bairro da Glória, que podia ser avistada ao longe pelos navios que chegavam à baía de Guanabara. O local tem importância histórica e foi palco de diversas batalhas contra os franceses – de uma delas Estácio de Sá, o fundador da cidade, saiu mortalmente ferido. A construção de um templo maior foi finalizada em 1739. Acredita-se que esse projeto tenha sido do engenheiro militar José Cardoso de Ramalho. Um detaque notável é sua forma poligonal ❶, composta de dois octógonos alongados, única do gênero no país, formato só notado pelo lado externo. Mais tarde, em 1808, o santuário ganhou grande importância com a chegada da corte portuguesa. Em 1819, a princesa Maria da Glória, neta de Dom João VI, foi batizada ali e, a partir de então, todos os membros da família real portuguesa foram consagrados no templo.

DETALHES DE FÉ Antes de entrar, dê a volta por fora para observar a arquitetura e compreender melhor a distribuição interna dos elementos decorativos. Isso permitirá perceber, por exemplo, a forma da sacristia como um prolongamento dos corredores laterais, e não formando um cômodo independente, como na maioria das igrejas. A decoração interna também difere dos demais templos do mesmo período, pois une apenas talha e azulejos ❷. No altar-mor, note que a padroeira Nossa Senhora da Glória é uma imagem de vestir ❸, tradicionalmente apresentada com cabelos naturais, finos trajes e adereços, que são providenciados pela irmandade constituída na igreja desde 1739. Possivelmente do final do século 18, a santa recebe o título de Glória referindo-se à gloriosa ascensão da Virgem aos céus, onde foi coroada pelo Pai, Filho e Espírito Santo.

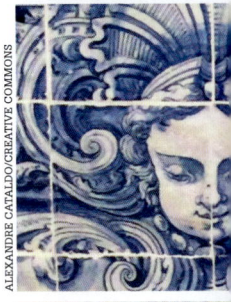

RIO DE JANEIRO

PROGRAME-SE
De volta ao centro histórico, visite a Igreja de São Francisco da Penitência (1772). A simplicidade da fachada engana os visitantes e esconde o esplendor interno coberto por talhas douradas. São inúmeros detalhes barrocos, boa parte entalhada em cedro e revestida com folhas de ouro por Francisco Xavier de Brito, o mestre de Aleijadinho. No altar-mor, observe as imagens de São Francisco de Assis e do Cristo Seráfico (com três pares de asas). *R. Gonçalves Dias, 32 – Centro.*

Catedral Metropolitana Nossa Senhora Assunção (Sé)
SÃO PAULO

Praça da Sé, s/n – Centro, Tel. (11) 3107-6832

O TEMPLO A origem da Catedral da Sé remonta a 1591, quando foi erguida no mesmo local a igreja matriz da Vila de São Paulo do Campo, ou São Paulo de Piratininga. Era feita em taipa de pilão e dedicada a Nossa Senhora Assunção. O terreno havia sido escolhido pelo cacique Tibiriçá, um dos principais personagens da história paulista. Com a transformação da vila em cidade, no século 18, a Capitania de São Paulo tornou-se sede Episcopal e, com isso, a matriz foi mais valorizada. Entretanto, a igreja antiga já estava bastante comprometida e acabou sendo demolida para o início da construção do templo que vemos hoje. O projeto atual, de estilo neogótico, ❶ foi erguido entre 1913 e 1954. A Catedral tem dimensões semelhantes às da Abadia de Saint-Denis, na França, e ocupa um quarteirão inteiro. No começo do século 21 passou por um processo de restauro e, em 2002, foi reaberta com uma celebração que reuniu mais de 5 mil pessoas. A missa foi presidida pelo então arcebispo de São Paulo, cardeal Dom Cláudio Hummes.

DETALHES DE FÉ A catedral foi projetada pelo engenheiro e arquiteto alemão Maximilian Hehl, professor da Escola Politécnica da Universidade de São Paulo. Ele desenhou um santuário em estilo eclético, com elementos distintos, como a cúpula e o arco ogival ❷. No entanto, o padrão predominante foi o neogótico, inspirado em catedrais medievais. A fachada recebeu uma grande rosácea em vitral ❸ e é ladeada por duas altas torres. Os vitrais e mosaicos são destaques à parte. Os mosaicos foram obra do muralista italiano Marcello Avenali. Alguns dos vitrais foram desenhados por José Wasth Rodrigues e executados pela Casa Conrado. Outros são de fabricação europeia, feitos por artistas como Max Ingrand e Gilda Nagni. Termine a visita na cripta ❹, onde é cobrada entrada. Inaugurada em 1919, contém 30 câmaras mortuárias. Além dos bispos e arcebispos, estão guardados ali os restos mortais do cacique Tibiriçá e do padre Feijó, Regente do Império.

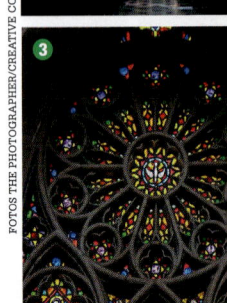

SÃO PAULO

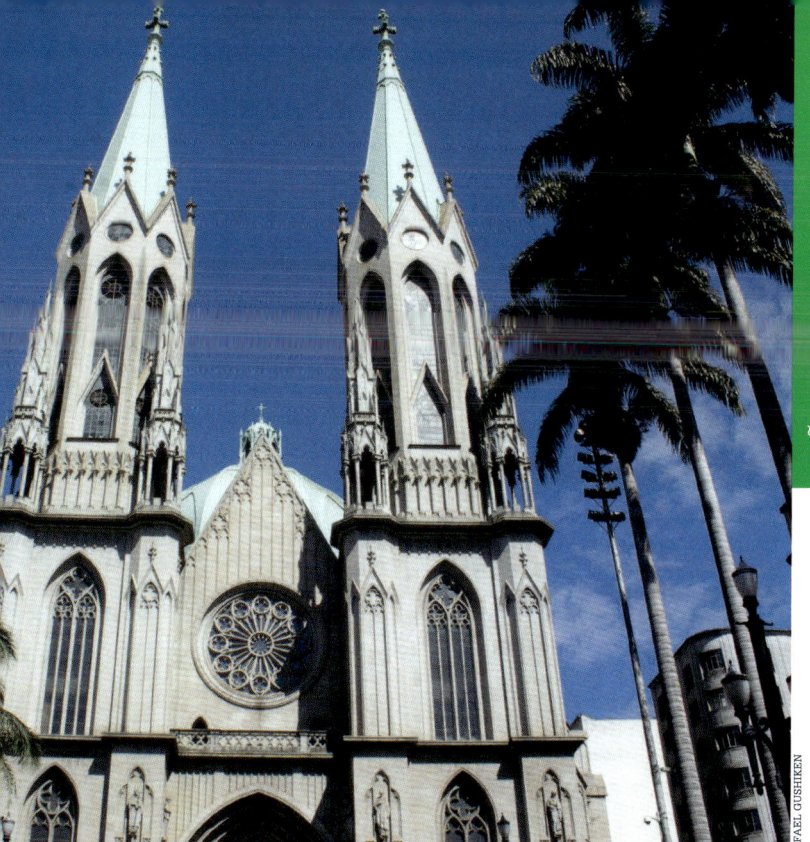

PROGRAME-SE
Desde o início do século 20 a Praça da Sé tem sido palanque de importantes comícios. Em 1984, um dos primeiros protestos do movimento Diretas Já! reuniu cerca de 100 mil pessoas em frente à catedral. Aproveite para caminhar até outros marcos do centro histórico da capital paulista. Vá ao Pateo do Collegio (1554), onde foi erguida a primeira edificação da cidade e sede do Museu Padre Anchieta. Siga pela rua Boa Vista até a Basílica de São Bento (1598), onde alguns dias por semana há missas com acompanhamento de canto gregoriano.

Igreja Nossa Senhora da Consolação
SÃO PAULO

R. da Consolação, 585 – Cerqueira César
Tel. (11) 3256-5356

O TEMPLO Em 1799 foi fundada a Igreja de Nossa Senhora da Consolação original. Ela surgiu no caminho do Piques, uma trilha que levava a uma região hoje ocupada pela Praça da Bandeira. A paróquia foi reformada em 1840 e, na época, era subordinada à igreja de Santa Ifigênia. No altar-mor havia uma pequena imagem de Nossa Senhora da Consolação, esculpida em madeira e papel machê. Em 1855, uma epidemia de cólera atingiu São Paulo e naquele ano foi fundada a Irmandade de Nossa Senhora da Consolação, cujo objetivo era cuidar dos doentes: no pátio da igreja montou-se uma enfermaria com 30 leitos. Porém, a antiga igrejinha de paredes de taipa não resistiu às exigências de modernidade. Uma febre de progresso que pedia santuários imponentes, parecidos com os das grandes capitais da Europa, acabou destruindo a maioria dos edifícios coloniais do centro de São Paulo. Em 1907, o templo veio abaixo e em seu lugar se construiu a paróquia atual. O projeto é de Maximilian Hehl, mesmo arquiteto da Catedral da Sé. Ao longo dos anos, a igreja serviu de refúgio para a população durante a Revolução de 1924 e foi abrigo para militantes de esquerda na ditadura militar, nos anos 1970. Em 2004, passou por um processo de reforma.

DETALHES DE FÉ Embora a igreja da Consolação siga o estilo neorromânico, sua fachada apresenta elementos do neogótico ❶. Preste atenção às telas pintadas por famosos artistas brasileiros, como Benedito Calixto e Oscar Pereira da Silva. O altar-mor, ❷ confeccionado em carvalho, mármore branco e bronze, apresenta várias telas de Oscar Pereira da Silva, tendo em seu ponto alto a imagem de Nossa Senhora da Consolação. De Calixto, observe cinco óleos sobre tela: Santa Clara Virgem, A Caminho de Emaús, Santo Antônio de Pádua, São Tarcísio e São Tomás. Note o órgão de tubos importado da cidade italiana de Nápoles, nos anos 1930. Os vitrais ❸ são da antiga Casa Conrado.

SÃO PAULO

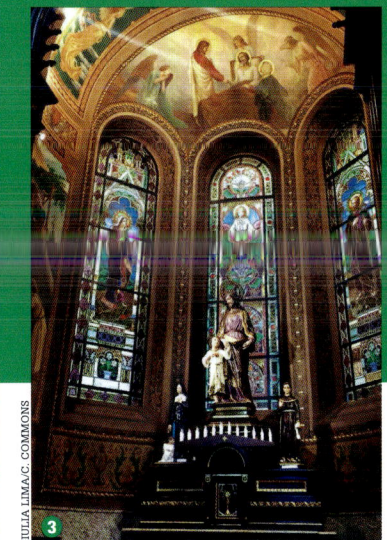

PROGRAME-SE

O bairro de Cerqueira César fica pertinho da Avenida Paulista, um dos cartões-postais de São Paulo. A bordo da linha verde do metrô é possível conhecer museus, centros culturais, de exposições e restaurantes de todos os tipos. Da época dos barões do café, a Casa das Rosas é bom ponto de partida para o passeio. Em seguida vem o Itaú Cultural e mais adiante, o Centro Cultural da Fiesp, com incríveis exposições gratuitas. O Museu de Arte de São Paulo (Masp) tem o mais importante acervo artístico da América Latina e abriga cerca de 8 mil peças. Em frente do Masp fica o Parque Trianon, criado em 1892, e o único remanescente de Mata Atlântica no centro urbano. Na esquina com a rua Augusta, está o Conjunto Nacional, que abriga o complexo da Livraria Cultura, além de cinemas, teatro e lojas.

Igreja Nossa Senhora do Brasil
SÃO PAULO

Praça Nossa Senhora do Brasil, s/n – Jd. América
Tel. (11) 3082-9786

O TEMPLO Um dos templos mais elegantes de São Paulo, a Igreja Nossa Senhora do Brasil foi fundada em 1940 no bairro nobre Jardim América. A paróquia é uma das mais disputadas para casamentos na cidade e costuma ter uma longa lista de espera. Muitas cerimônias figuram em colunas sociais e revistas de celebridades. A construção começou em 1942 e os trabalhos se prolongaram por 14 anos. Depois, teve início sua belíssima decoração interna. O projeto inicial do templo, em estilo colonial brasileiro modernizado, é do arquiteto polonês George Przirembel. Porém, o desenho executado foi do arquiteto Bruno Simões Magro, professor da Faculdade de Arquitetura e Urbanismo da Universidade de São Paulo.

DETALHES DE FÉ O estilo do santuário é o neocolonial ❶, muito popular na arquitetura paulistana dos anos 1920 e 1930. Tinha como base de inspiração as igrejas barrocas brasileiras e portuguesas. Antônio Paim Vieira, pintor e ceramista, definiu a decoração interna. É de sua autoria a pintura no teto da capela-mor, que mostra o céu estrelado como no dia da Natividade de Maria ❷, festa da padroeira, celebrada no dia 8 de novembro. Observe que a identidade nacional é característica marcante na temática das obras: ao centro, a Virgem e o Menino Jesus estão cercados de representantes das diversas regiões brasileiras, vestidos com roupas típicas. Note a delicadeza dos detalhes dos azulejos da Via Sacra ❸, pintados em tons de azul e fundo branco. Veja a discreta Capela da Ordem de Malta, de origem medieval ❹. O teto do santuário é decorado com reproduções de pinturas da Capela Sistina, no Vaticano. O escadatório na entrada é inspirado no Santuário de Bom Jesus de Matosinhos, na mineira Congonhas do Campo. Nele, estátuas de santos ornamentam a plataforma nos dois pórticos frontais: João Batista e Evangelista, Pedro e Paulo, Ana com Nossa Senhora Menina ❺ e José, Isabel e Joaquim.

SÃO PAULO

PROGRAME-SE
Neste bairro cheio de verde e casas imponentes, uma boa pedida é conferir as exposições do Museu da Imagem e do Som (MIS). Além das mostras, que exploram a ligação das mídias e da tecnologia com a arte, o lugar oferece filmes, grandes exposições, cursos e eventos. Vale esticar a visita ao vizinho Museu Brasileiro da Escultura (MuBE). *Av. Europa, 158 – Jardim Europa.*

Santuário de Nossa Senhora Schoenstatt
ATIBAIA, 64KM

Rodovia Dom Pedro I, Km 78 – Jardim Brogotá
Tel. (11) 4414-4210

O TEMPLO O Santuário de Atibaia, a 64 quilômetros de São Paulo, foi o quarto em honra a Nossa Senhora de Schoenstatt a ser erguido no Brasil. Inaugurado no dia 17 de setembro de 1972 por Dom José Lafayette, bispo diocesano de Bragança Paulista, é idêntico ao Santuário Original, na Alemanha. Schönstatt é uma região da cidade alemã de Vallendar e o centro do Movimento de Schoenstatt, iniciado pelo padre Josef Kentenich em 18 de outubro de 1914. É uma organização mariana, apostólica e pedagógica, que tem como centro de espiritualidade a Aliança de Amor com Maria. O caráter pedagógico baseia-se na visão de Nossa Senhora como educadora, aquela que auxilia os devotos na missão de aperfeiçoar a personalidade, transformar o mundo, criar estruturas mais justas e atender as pessoas em suas necessidades. Presente em mais de 100 países dos cinco continentes, o movimento chegou ao Brasil por duas vertentes. Pelos padres palotinos, no Rio Grande do Sul, e pelas missionárias do Instituto Secular das Irmãs de Maria, que desembarcaram no Paraná em 1936.

DETALHES DE FÉ Réplica fiel da igrejinha alemã, o Santuário de Atibaia ❶ tem linhas simples e comporta no máximo 25 pessoas. Seu tamanho e características arquitetônicas são iguais em todos os lugares do mundo em que a irmandade está presente. Observe a pintura de Nossa Senhora de Schoenstatt no altar ❷. A imagem é cópia de um quadro do século 19 pintado pelo italiano Luigi Crosio. O título original da obra era *Refugium Peccatorum* – refúgio dos pecadores. Entretanto, quando passou a adornar a pequena capela em Vallendar ganhou o nome de *Mater Ter Admirabilis* – Mãe três vezes Admirável, que se abrevia MTA. Ao redor da capelinha há um bosque e uma tenda que recebe, sobretudo aos finais de semana, mais de 5 mil pessoas. O templo é um importante local de romaria e devoção mariana no estado de São Paulo.

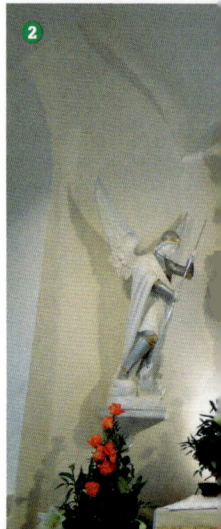

SÃO PAULO

PROGRAME-SE

Em setembro e outubro, mês da padroeira, cerca de 10 mil devotos costumam visitar o Santuário. É possível hospedar-se na Casa de Nazaré, dentro do complexo religioso. A estadia inclui refeições e acesso a duas capelas. Vale conhecer a campanha internacional das capelinhas da Mãe Rainha Peregrina. A iniciativa surgiu no Brasil, em 1950, e consiste em receber em casa, durante um mês, um pequeno oratório com a imagem da Virgem de Schoenstatt. O objetivo é promover a oração em família. Quem deseja receber a visita da Mãe Peregrina deve entrar em contato com o Secretariado da Campanha em Atibaia no telefone (11) 4414-4217.

Catedral Metropolitana Nossa Senhora Madre de Deus, Porto Alegre

REGIÃO SUL

Catedral Basílica Nossa Senhora da Luz dos Pinhais
CURITIBA

R. Barão do Cerro Azul, 31 – Centro
Tel. (41) 3324-5136

O TEMPLO A Catedral fica no entorno da Praça Tiradentes, o local em que a cidade de Curitiba teve origem, em 1693, com o nome de Vila Nossa Senhora da Luz dos Pinhais. Naquele mesmo ano foi erguida uma capelinha de pau a pique em honra à padroeira da capital paranaense e em seu altar foi entronada a primeira imagem da Virgem, que hoje está no Museu Paranaense. Anos mais tarde, em 1721, o pequeno santuário deu lugar a uma igreja maior, em pedra e barro, com estilo colonial português. Seus altares laterais, talhados em madeira, foram conservados e hoje estão no Memorial de Curitiba. Em 1857, após a construção das torres, a manutenção da matriz ficou inviável, e ela foi demolida a partir de 1875. O santuário como o conheçemos hoje ficou pronto em 1893. Em 1926, quando Curitiba foi elevada à categoria de Arquidiocese, chamou-se Catedral Metropolitana. Finalmente, em 1993, recebeu do papa São João Paulo II o título de Basílica-Menor pela ocasião do primeiro centenário de inauguração.

DETALHES DE FÉ O projeto mais recente, do século 19, mudou radicalmente a aparência do templo, alterando-o para o estilo neogótico ❶. O desenho é do arquiteto francês Alphonse Des Plas. As paredes são revestidas por pinturas dos irmãos italianos Carlo e Anacleto Garbaccio. Note o solene mobiliário de madeira imbuia, que inclui o para-vento na porta central, os bancos para os fiéis, os púlpitos e a cátedra do arcebispo. Em 1957, o órgão original foi vendido para a Paróquia Nossa Senhora da Piedade, em Campo Largo, interior do Paraná. A catedral ganhou um novo instrumento, maior e mais potente, fabricado pela gaúcha Bohn. Perto do altar principal, ❷ preste atenção às insígnias papais, presenteadas pelo papa na ocasião do recebimento do título de Basílica-Menor. Ali ficam o umbraculum, ou ombrelino, artefato semelhante a um guarda-chuva que é carregado nas procissões. E o tintinábulo, um sino acoplado a um ornamento de madeira, também levado nos cortejos que partem da Basílica ou a ela se dirigem.

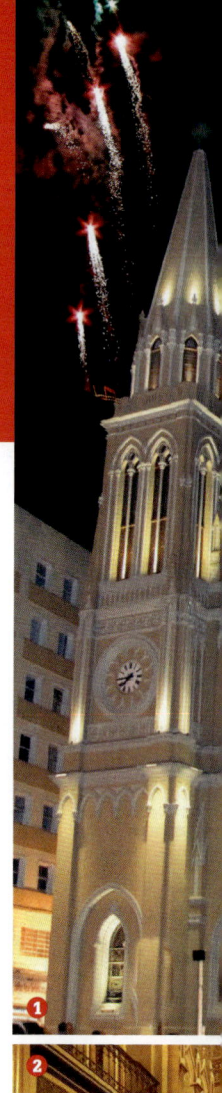

PARANÁ

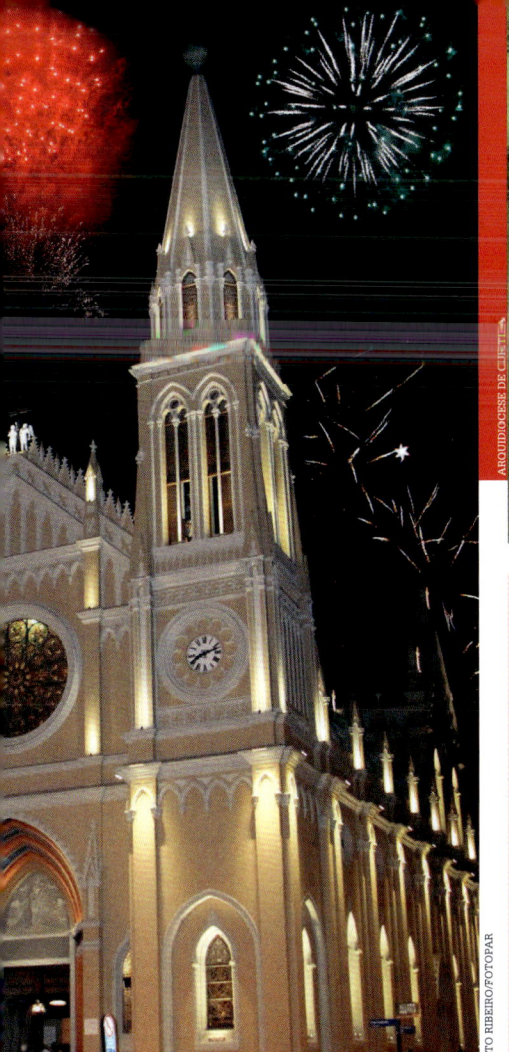

PROGRAME-SE

Que tal uma caminhada pelo centro histórico de Curitiba? Ao sair da catedral, vá para a praça Tiradentes, o marco zero da cidade. Ao centro dela você observa, através de um painel de vidro no chão, fragmentos da primeira calçada da capital. Uma quadra depois, admire o Paço da Liberdade (1916), com detalhes neoclássicos e desenhos art-nouveau. O edifício, que já foi gabinete de mais de 40 prefeitos, abriga hoje um espaço cultural. Mais adiante, na avenida João Gualberto, está o Memorial Árabe, com estilo arquitetônico mourisco e uma biblioteca especializada. Entre na rua Mateus Leme se quiser conhecer a Casa de Alfredo Andersen, que guarda acervo do artista plástico. Ou siga em direção ao Passeio Público, primeiro parque da capital.

Igreja de Nossa Senhora do Rosário de São Benedito

CURITIBA
Praça Garibaldi, s/n – Centro
Tel. (41) 3322-3150

O TEMPLO Segundo os registros históricos, a Igreja de Nossa Senhora do Rosário de São Benedito é a segunda mais antiga de Curitiba, construída por africanos escravizados e seus descendentes em 1737. Desde aquela época também é conhecida como Santuário das Almas, pois é procurada para realização de missas de corpo presente e cerimônias de aniversários de morte. Durante a construção da atual catedral de Curitiba, serviu de matriz (1875-1893). O templo original, em estilo colonial, foi demolido nos anos 1930 devido ao péssimo estado de conservação e ganhou novo projeto, do arquiteto Eduardo Fernando Chaves, em 1938. Por fim, somente em 1951 o santuário reiniciou suas atividades, sendo confiado aos padres jesuítas.

DETALHES DE FÉ O desenho de Chaves é focado no estilo barroco tardio ❶. Note a fachada simples, mas com belos quadros de azulejos, originais da antiga capela. No interior, os destaques ficam por conta dos painéis de azulejos portugueses com os Passos da Paixão ❷ na Via Sacra.

> **PROGRAME-SE**
> Aproveite para visitar o Bosque do Papa. Inaugurado após a visita de São João Paulo II, em 1980, tem pista de caminhada e ciclovia. Abriga também o Museu da Imigração Polonesa, um acervo ao ar livre formado por sete casas construídas com troncos de pinheiros encaixados. Dentro, há móveis e utensílios domésticos utilizados pelos imigrantes. No chalé onde fica a capela em homenagem à Nossa Senhora de Czestochowa, padroeira da Polônia, está a imagem da santa abençoada pelo pontífice, também de origem polonesa. Há venda de artesanato e produtos típicos.
> *Av. Mateus Leme, s/n – Centro Cívico.*

PARATÁ

Catedral Metropolitana Nossa Senhora Madre de Deus
PORTO ALEGRE
R. Duque de Caxias, 1047 – Centro
Tel. (51) 3228-6001

O TEMPLO A fundação da igreja está muito relacionada à origem da cidade. Por volta de 1752, 60 casais de portugueses vindos dos Açores foram trazidos após o Tratado de Madri para se instalarem nas Missões, região noroeste do estado. Os açorianos ergueram uma simples capela de pau a pique em honra a Nossa Senhora Madre de Deus. O salto no desenvolvimento do município veio apenas em 1793, com a mudança do nome Porto de Viamão para Porto Alegre e a transformação do local em capital. A partir de 1824, passou a receber imigrantes de todo o mundo, em particular alemães, italianos e poloneses. No início do século 19, a nova igreja de uma só nave e sem torres dominava o alto da colina sobre o casario branco da vila. A área passou a ser chamada de Largo ou Praça da Matriz, entretanto só ganhou destaque em 1858, com a inauguração do Theatro São Pedro. Em 1971 foram inauguradas as duas torres da fachada principal e, um ano depois, em comemoração ao Bicentenário da Paróquia, foi consagrada a grandiosa cúpula. Apenas em 1986 a catedral foi dada como concluída e inaugurada oficialmente ❶.

DETALHES DE FÉ A construção do templo segue o projeto do arquiteto italiano João Batista Giovenale, da Academia de Belas Artes São Lucas, em Roma. No lado externo, chama a atenção as gigantescas cabeças de indígenas ❷, que servem de base para o templo, representando a cultura original da América Latina sobre a qual se ergueu a nova fé cristã. Também impressiona a cúpula de 75 metros de altura ❸, bem como as torres com seis sinos – um deles pesa quase quatro toneladas. O pintor italiano Michelangelo Bedini é o responsável pelas pinturas que representam personagens e cenas da história e da evangelização do Rio Grande do Sul. No painel central ❹, veja a Mãe de Deus entronizada; do lado direito, está São Francisco de Assis, primeiro patrono da região. Aparecem no mesmo conjunto três religiosos jesuítas missionários, considerados mártires da região do Rio da Prata: Roque González, Alfonso Rodríguez e Juan del Castillo.

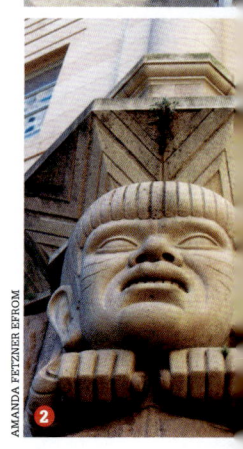

RIO GRANDE DO SUL

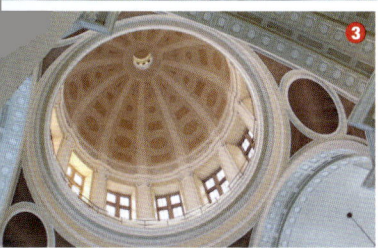

PROGRAME-SE
No centro da cidade visite o Mercado Público (1869). Com mais de 100 lojas, vende frutas, temperos, embutidos e artigos típicos. Há grande variedade de erva-mate para chimarrão, comprada por quilo. Bebida obrigatória para os gaúchos, o chimarrão, herança dos guarani, é um símbolo do estado. Não importa o clima e o local, você vai ver muita gente com cuia, bomba e garrafa térmica à mão. *Praça 15 de Novembro – Centro.*

Igreja Nossa Senhora das Dores
PORTO ALEGRE

R. dos Andradas, 387 – Centro
Tel. (51) 3228-7376

O TEMPLO Quase às margens do rio Guaíba, é a igreja mais antiga de Porto Alegre e levou 96 anos para ser erguida. Teve sua construção iniciada no ano de 1807, quando a irmandade devota a Nossa Senhora das Dores resolveu erguer um santuário próprio. No início, donativos eram coletados e doados pela comunidade e, em 1813, a primeira parte da obra estava pronta. Naquele ano foi inaugurada a capela-mor, que recebeu a imagem da santa homenageada. A Revolução Farroupilha (1835-1845) no Rio Grande do Sul, uma das revoltas por liberdade no Brasil da época do Império, acabou paralisando a construção. Segundo registros históricos, em 1857 a capital entrou em um novo período de crescimento e o templo seguiu esse curso. Em 1869, o artista Germano Traub foi contratado para pintar de dourado o altar-mor e outros objetos de culto. Até que, no início do século 20, arquitetos e engenheiros de origem alemã colocaram em prática projetos característicos da escola de arquitetura germânica, sob a responsabilidade do arquiteto Júlio Weise. Finalmente, em 1903, o templo foi inaugurado. Por seu valor artístico e arquitetônico, foi tombada e declarada Patrimônio Histórico e Artístico Nacional em 1938.

DETALHES DE FÉ Tome fôlego para encarar os 65 degraus que levam ao templo, afinal a longa e imponente escadaria é um de seus símbolos. Na fachada ❶, o estilo colonial português se confunde com adereços e figuras em gesso, torres com ornamentos no estilo gótico alemão, prova da evolução de diferentes tendências arquitetônicas ao de quase um século de construções. Ainda assim, veja que o interior guarda o espírito do barroco nos altares talhados por João do Couto e Silva ❷. Nos altares laterais, preste atenção às imagens de Cristo trazidas da cidade portuguesa de Porto, em 1871. Outros destaques são as esculturas de São Francisco Xavier, vindas da Itália, e a do Sagrado Coração de Maria, importada da Espanha.

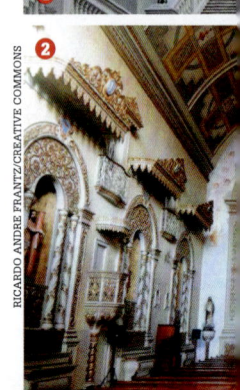

RIO GRANDE DO SUL

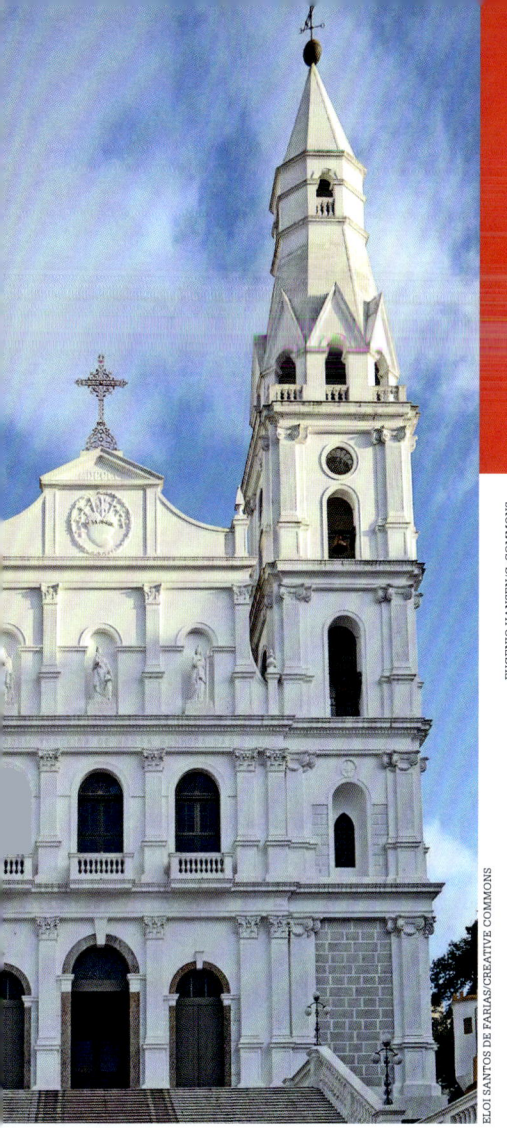

PROGRAME-SE
À beira do rio Guaíba, principal cartão-postal da cidade, fica a Fundação Iberê Camargo, projetada pelo arquiteto português Álvaro Siza – pouco mais de cinco quilômetros separam a igreja do museu. A construção tem quatro andares interligados por rampas, que circundam o saguão. O acervo contém mais de 5 mil peças do pintor gaúcho Iberê Camargo (1914-1994), apresentadas em exposições que mudam periodicamente. Nos outros espaços, a Fundação promove mostras temporárias de arte contemporânea. No subsolo há um ateliê com a prensa alemã usada pelo artista. *Av. Padre Cacique, 2000 – Cristal.*

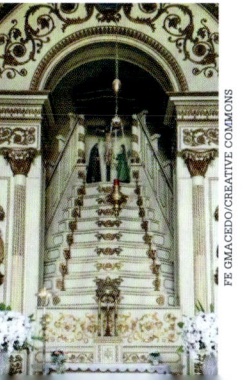

Santuário Nossa Senhora Mãe de Deus
PORTO ALEGRE

R. Santuário, 400 – Belém Velho
Tel. (51) 3318-4627

O TEMPLO O Santuário Mãe de Deus foi inaugurado no dia 20 de agosto de 2000. Desde janeiro de 2010, os Missionários Redentoristas, congregação fundada por Santo Afonso de Ligório, em 1732, administram o templo. A mensagem do santuário é exaltar e glorificar o maior de todos os títulos e graças da Virgem Maria, que é ser Mãe de Deus. De linhas modernas e arrojadas ❶ o prédio, que saiu da prancheta do arquiteto gaúcho Ivo Nedeff, passou a ser patrimônio arquitetônico da cidade a partir de 2014 ❷.

DETALHES DE FÉ A igreja foi construída no alto do Morro da Pedra Redonda e oferece uma vista panorâmica de Porto Alegre e cidades próximas. Em dias claros, é possível avistar o estuário Guaíba e a entrada da Lagoa dos Patos. A construção de 700 m² foi projetada para resistir a ventos de até 200km/h. O complexo compreende um campanário independente e um altar ao ar livre, na esplanada defronte ao templo, para receber grandes eventos e romarias. Na parte interna, admire os vitrais das janelas laterais ❸. O artefato que mais chama a atenção é a imagem de Nossa Senhora Mãe de Deus ❹, um presente da congregação dos padres Orionitas. Pesando 80kg, ela foi esculpida em madeira de tília por artistas italianos e abençoada pelo papa São João Paulo II, no Vaticano, em 1988. A obra de arte é inspirada na escultura *Madonnina*, do escultor italiano Roberto Ferruzzi, premiada na Bienal de Veneza de 1897.

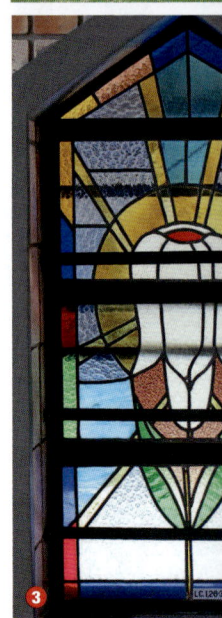

RIO GRANDE DO SUL

PROGRAME-SE
A cidade oferece city tours na Linha Turismo. Dois roteiros, percorridos por ônibus, dão uma ideia geral da capital gaúcha. O trajeto Centro Histórico passa pela Praça da Matriz, parques e arredores do rio Guaíba. Inclui paradas no Parque da Redenção, no Parque Moinhos de Vento, no Mercado Público e na Fundação Iberê Camargo. O trajeto Zona Sul leva a locais como o Morro da Pedra Redonda, onde fica o Santuário Mãe de Deus. Informações e compra de ingressos na Secretaria Municipal de Turismo, *Travessa do Carmo, 84 – Centro. (51) 3289-6741.*

Catedral Metropolitana Nossa Senhora do Desterro

FLORIANÓPOLIS
R. Pe. Miguelinho, 55 – Centro
Tel. (48) 3224-3357

O TEMPLO A Catedral Metropolitana de Florianópolis é o marco zero na fundação da Villa de Nossa Senhora do Desterro, no século 16. Sua identidade começou a ser construída a partir da fixação do povoamento de Bandeirantes e depois, pelos imigrantes das ilhas portuguesas de Açores e Madeira, que vieram colonizar a região a partir de 1748. Entre 1753 e 1773, já elevada à categoria de paróquia, a vila ganhou a primeira igreja matriz de alvenaria, com projeto do engenheiro militar José da Silva Paes. Em 1816, a convite de Dom João VI, um grupo de artistas franceses desembarcou no Brasil para retratar imagens do país. Um dos pintores que integrou a Missão Artística Francesa foi Jean-Baptiste Debret. O artista foi professor de pintura na Academia Imperial de Belas Artes, no Rio de Janeiro, entre 1826 a 1831. Ele alternava essa atividade com viagens para várias cidades do país, quando pintou a então igreja matriz de Florianópolis na aquarela *Vista da Villa de N. S. do Desterro da Ilha de Saint Catherina*. O santuário também foi retratado pelo pintor catarinense Victor Meirelles por volta de 1847, na tela *Vista do Desterro*. Em 1922, a catedral foi ampliada e recebeu as duas torres com o carrilhão e cinco sinos, um dos maiores conjuntos da América do Sul.

DETALHES DE FÉ A catedral preserva a portada original, um pouco encoberta pelo alpendre externo frontal ❶. Note os belos vitrais confeccionados pela Casa Conrado, de São Paulo, que só chegaram nos anos 1940. Eles têm imagens de temas sacros compostos por elementos figurativos, geométricos e comemorativos, como a fundação da vila e a construção da matriz. Observe na primeira janela da lateral direita da capela-mor, próximo ao arco cruzeiro, o vitral em homenagem à beatificação de Santa Madre Paulina pelo papa São João Paulo II, em 1991. Entre o acervo de arte sacra ❷ admire a bela escultura Fuga para o Egito ❸, do artista austríaco Ferdinand Demetz. Adquirida em 1902, ela foi esculpida em madeira e tem tamanho natural.

SANTA CATARINA

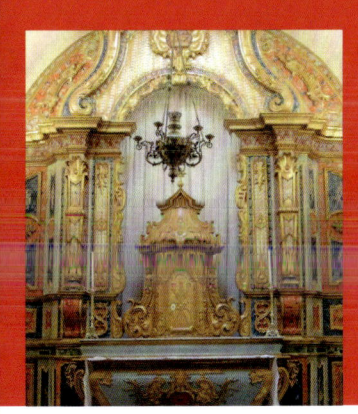

PROGRAME-SE

Tradição entre os católicos catarinenses desde 1766, a Procissão do Senhor dos Passos é realizada anualmente sempre 15 dias antes da Páscoa. Quatro importantes momentos marcam o evento. Começa com a lavagem da imagem do Senhor Jesus dos Passos, feita na Capela Menino Deus por crianças de até sete anos, na quinta-feira que antecede a procissão. Em seguida, há a Procissão do Carregador, realizada na manhã de sábado, quando membros da Irmandade do Senhor Jesus dos Passos e demais fiéis transportam até a Catedral Metropolitana os utensílios que serão usados à noite, na Procissão da Transladação das imagens do Senhor Jesus dos Passos e de Nossa Senhora das Dores. Por fim, na tarde de domingo, acontece a procissão que consagra o final dos festejos. As duas imagens percorrem o centro em cortejo e se encontram em frente à catedral.

Igreja Nossa Senhora da Lapa
RIBEIRÃO DA ILHA, 21KM

R. Alberto Cavalheiro, 238 – Centro
Tel. (48) 3337-5569

O TEMPLO Vale esticar a viagem para conhecer Ribeirão da Ilha, distante 21 quilómetros ao sul de Florianópolis. Ali fica a igreja de Nossa Senhora da Lapa, construída em um dos primeiros povoamentos catarinenses. Segundo registros históricos, a origem da Freguesia da Nossa Senhora da Lapa do Ribeirão da Ilha data o século 16. Quando os primeiros navegadores portugueses e espanhóis desembarcaram na região, a área era habitada pelos índios carijós. Entre 1748 e 1756 começa a colonização, com a chegada de cerca 50 casais de origem açoriana que vieram para a região com o objetivo de estabelecer uma colônia. A pequena capela de pau a pique dedicada a Nossa Senhora da Lapa foi erguida em 1763, sendo consagrada apenas em 1806. O título de paróquia veio em 1809 e, nos anos 1840, uma lei concedeu à freguesia do Ribeirão o título de vila. Naquela época, o templo já precisava de reparos, que só vieram em 1845, quando a igreja recebeu a visita de Dom Pedro II, que lhe concedeu donativos para as obras. Até os dias de hoje o santuário passou por diversas intervenções. Ainda assim, conserva muito de suas características coloniais originais.

DETALHES DE FÉ O primeiro templo foi construído em estilo colonial com pedra, cal e óleo de baleia ❶. Na época a caça à baleia para extração de carne e óleo era uma das principais atividades econômicas do povoado. No século 19, devido ao aumento no número de fiéis, a capela foi substituída por uma igreja de alvenaria. Do lado de fora, faz conjunto com o cemitério e o Império do Divino Espírito Santo, uma referência à prática ainda existente de se comemorar a festa religiosa do Divino, de tradição açoriana. Em uma de suas duas torres há dois sinos. No interior, chama a atenção as pinturas no teto da nave, representando, ao centro, a Sagrada Família, a visita dos Reis Magos e o Cristo crucificado. Na parede sobre o arco-cruzeiro há uma pintura de Cristo e São João Batista. Na parede do coro, observe um singelo desenho de Santa Cecília.

SANTA CATARINA

PROGRAME-SE
Ribeirão da Ilha tem um conjunto arquitetônico bem-preservado, que leva o visitante a imaginar como era a vida numa vila rural do século 18. Um bom lugar para observar as casas construídas pelos imigrantes açorianos é a praça da Igreja da Nossa Senhora da Lapa do Ribeirão. Ao lado fica a loja da Associação de Artesãos. Outra atração local são as ostras frescas, cultivadas ali mesmo. Se puder, agende a visita para acompanhar a Festa do Divino. Realizada no dia de Pentecostes, 50 dias após a Páscoa, a celebração homenageia a Terceira Pessoa da Santíssima Trindade e lembra a descida do Espírito Santo sobre os apóstolos.
Na cidade, a comemorações duram três dias, de sexta-feira ao Domingo de Pentecostes. Há procissões, banquetes e a missa de coroação do casal de "imperadores", eleitos pela Irmandade do Divino Espírito Santo.

REFERÊNCIAS BIBLIOGRÁFICAS

AFONSO, Alcília; INAGDA, Jaqueline; NUNES, Antonio Pabllo; Karla SIMÕES, Karla. **Patrimônio e paisagem em Teresina: Ações através da educação patrimonial**. Universidade Federal do Piauí, 2002. Disponível em: https://upcommons.upc.edu/bitstream/handle/2099/15973/059_BGT_Carvalho_R%C3%B4mulo.pdf?sequence=1&isAllowed=y

ALVAREZ, Rodrigo. **Aparecida – A biografia da santa que perdeu a cabeça, ficou negra, foi roubada, cobiçada pelos políticos e conquistou o Brasil**. São Paulo: Globo Livros, 2014.

ARAGÃO, Ivan Rêgo. **As funções dos objetos de ex-votos em uma "Festa de Dor" em São Cristóvão-Sergipe-Brasil**. PLURA, Revista de Estudos de Religião, ISSN 2179-0019, vol. 5, nº 1, 2014, p. 153-170. Disponível em: http://www.abhr.org.br/plura/ojs/index.php/plura/article/viewFile/787/pdf_94

ARQUIDIOCESE DE CAMPO GRANDE. Informativo diocesano, ano XVIII, n. 240, maio 1998.

ARQUIDIOCESE DE NATAL. **Catedral Metropolitana**. Disponível em: http://arquidiocesedenatal.org.br/catedral-metropolitana

ARQUIDIOCESE DE PORTO ALEGRE. Disponível em: http://www.arquidiocesepoa.org.br/

ARQUIDIOCESE DE SÃO PAULO. **Catedral Metropolitana Nossa Senhora Assunção – Sé**. Disponível em: http://www.arquisp.org.br/regiaose/paroquias/mosteiros-igrejas-historicas-oratorios-da-regiao-se/catedral-metropolitana-nossa-senhora-assuncao-e-sao-paulo-se

ARROYO, Leonardo. **Igrejas de São Paulo: introdução ao estudo dos templos mais característicos de São Paulo nas suas relações com a crônica da cidade**. São Paulo: Companhia Editorial Nacional, 1966.

ARROYO, Leonardo; DANOS, Diana. **Memória e tempo das igrejas de São Paulo**. São Paulo: IBEP Nacional, 2010.

BARBOSA, Antônio. **Relíquias de Pernambuco: Guia aos Monumentos Históricos de Olinda e Recife**. São Paulo: Fundo Educativo Brasileiro, 1983.

BASÍLICA NOSSA SENHORA DE LOURDES. Belo Horizonte (MG). Disponível em: http://www.basilicadelourdes.com.br/

BASÍLICA SANTUÁRIO DE NAZARÉ DE BELÉM. Disponível em: http://nazare10.com.br/o-santuario-de-nazare-2/

BONAMETTI, João Henrique. **A Arquitetura Eclética e a Modernização da Paisagem Urbana Brasileira**. Revista Científica./FAP, Curitiba, v.1, p., jan./dez. 2006. Disponível em: http://www.fap.pr.gov.br/arquivos/File/RevistaCientifica1/JOAO_HENRIQUE_BONAMETTI.PDF

BONICENHA, Walace. **Devoção e caridade: as irmandades religiosas na cidade de Vitória**. Vitória: Multiplicidade, 2004.

BRUSTOLONI, Júlio. **História de Nossa

Senhora da Conceição Aparecida. Aparecida: Editora Santuário, 2004.

BURY, John. **Arquitetura e arte no Brasil Colonial**. Brasília: IPHAN/MONUMENTA, 2006.

CAMPIGLIA, G. **Turismo do Brasil: fontes para a história da igreja no Brasil**. São Paulo: Melhoramentos, 1990.

CAMPOS, Adalgisa Arantes. **Arte Sacra no Brasil Colonial**. Belo Horizonte: C/ Arte, 2011.

CARDOSO, Fernando Henrique. **Negros em Florianópolis: Relações sociais e econômicas**. Florianópolis: Insular, 2000.

CASCUDO, Luis da Câmara. **História do Rio Grande do Norte**. Natal: Fundação José Augusto, Rio de Janeiro: Achiamé, [s.d]. 25 Rev. Espacialidades [online]. 2010, vol. 3, n. 2.

_____. **História da cidade do Natal.** São Paulo: Civilização Brasileira, 1980.

CASTILHO, Maria Augusta. **História, identidade e memória local: Aspectos da igreja católica em Campo Grande-MS**. Albuquerque: revista de História, Campo Grande, MS, v. 1, n. 1, p. 77-104, jan./jun. 2009.

CATEDRAL METROPOLITANA DE PORTO ALEGRE. Disponível em: *http://www.catedralportoalegre.com.br/*

CATEDRAL METROPOLITANA NOSSA SENHORA APARECIDA. Brasília – DF. Disponível em: *http://catedral.org.br/historia*

CATEDRAL NOSSA SENHORA AUXILIADORA. Goiânia (GO). Disponível em: *http://www.catedralgo.org.br/institucional/historia*

CATEDRAL NOSSA SENHORA DA LUZ DOS PINHAIS. Curitiba, PR. Biblioteca IBGE, 2017. Disponível em: *http://biblioteca.ibge.gov.br/biblioteca-catalogo.html?view=detalhes&id=442058*

CATEDRAL NOSSA SENHORA DA LUZ DOS PINHAIS. **De capela a basílica**. Jornal Gazeta do Povo, 27/01/2012. Disponível em: *http://www.gazetadopovo.com.br/vida-e-cidadania/de-capela-a-basilica-7erqniortbcazs4v06dza9qa6*

CHEREM, Rosângela Miranda. In: BRANCHER, Ana; AREND, Silvia Maria Fávero (Orgs.). **Do sonho ao despertar: expectativas sociais e paixões políticas no início republicano na capital de Santa Catarina**. História de Santa Catarina no século XIX. Florianópolis: UFSC, 2001.

CIDR. **Índios de Roraima: Macuxi, Taurepang, Ingarikó, Wapixana**. Coleção histórico-antropológica n. 1. Boa Vista: Gráfica Coronário, 1987.

_____. **Índios e brancos em Roraima**. Coleção histórico-antropológica. N. 2. Boa Vista: Gráfica Coronário, 1989.

CORRÊA, Marcus Vinicius de Miranda. **Da Capela Carmelita à Catedral Metropolitana de Manaus (AM): uma arqueologia da arquitetura**. Fragmentos de Cultura. Pontifícia Universidade Católica de Goiás - Instituto de Filosofia e Teologia - Sociedade Goiana de Cultura, Goiânia, v. 17, n. 5/6, p. 591-607, maio/jun. 2007. Disponível em: *http://revistas.ucg.br/index.php/fragmentos/article/view/346*

COSTA, Syslayne Carlos da Silva; SILVA, Tony dos Santos; SILVA, Rooseman de Oliveira. **A Catedral Metropolitana de Aracaju e sua relação com o estilo gótico**. Arquitetura e Urbanismo. Cadernos de Graduação Ciências Humanas e Sociais | Aracaju | v. 3 | n.2 | p. 291-306 | Março 2016 | periodicos.set.edu.br. Disponível em: *https://periodicos.set.edu.br/index.php/cadernohumanas/article/view/2842/1754*

DELELLIS, Rosana. **Catedral da Sé: Arte e Engenharia**. São Paulo: Formarte, 2002.

DELGADO, Normando P. **Paróquias**

potiguares: **uma história**. Brasília: Senado Federal, 2015.

DIOCESE DE RIO BRANCO - ACRE. Disponível em: *http://www.diocesederiobranco.org.br/*

_____ **A trágica morte de Dom Giocondo**. Disponível em: *http://www.diocesederiobranco.org.br/home/wp-content/uploads/2017/05/18.-A-tr%C3%A1gica-morte-de-Dom-Giocondo.pdf*

DIRETORIA DA FESTA DE NAZARÉ. **Círio de Nazaré – A história do Círio**. Disponível em: *http://www.ciriodenazare.com.br/portal/historia.php*

ELIADE, Mircea. **O sagrado e o profano: a essência das religiões**. São Paulo: Martins Fontes, 2008.

ENCICLOPÉDIA ITAÚ CULTURAL. **Igreja de Nossa Senhora da Candelária (Rio de Janeiro, RJ)**. Disponível em: *http://enciclopedia.itaucultural.org.br/instituicao235211/igreja-de-nossa-senhora-da-candelaria-rio-de-janeiro-rj*

ESPÍNDOLA, Ariana M. **A Vida Rural na Freguesia do Ribeirão da Ilha no Século XIX**. Revista Santa Catarina em História - Florianópolis - UFSC – Brasil ISSN 1984- 3968, v.1, n.2, 2010. Disponível em: *http://ojs.sites.ufsc.br/index.php/sceh/article/view/476/186*

FLORES, Moacyr. **Porto Alegre em destaque: história e cultura**. Porto Alegre: EDIPUCRS, 2004.

FRANCO, Sérgio da Costa. **As Dores**. Jornal Zero Hora, Porto Alegre, 13 de jul. 1988.

FUNCAJU. Sistema Municipal de Indicadores Culturais da Cidade de Aracaju. **Igreja Matriz Nossa Senhora da Conceição (Catedral Metropolitana)**. Disponível em: *http://funcaju.aracaju.se.gov.br/igreja-matriz-nossa-senhora-da-conceicao-catedral-metropolitana/*

FUNDAÇÃO ATHOS BULCÃO. **Igrejinha Nossa Senhora de Fátima, Brasília-DF**. Disponível em: *http://www.fundathos.org.br/noticia/216*

FUNDAÇÃO BATALHA DE ALJUBARROTA. **A Batalha de Aljubarrota**. Disponível em: *http://www.fundacao-aljubarrota.pt/?idc=21*

FUNDAÇÃO JOAQUIM NABUCO. Biblioteca Central Blanche Knopf. **Igreja da Sé, São Luís, MA**. Pesquisa Escolar Online. Disponível em: *http://basilio.fundaj.gov.br/pesquisaescolar/*

GOMES, F. **Ontem e hoje da Matriz d'Apresentação**. in. Rosário do Potengi. Órgão de divulgação da Festa de N. S. da Apresentação. Natal: Arquidiocese de Natal. Ano III. n. 3. nov. 1999.

GUEDES, Flávio. **A Matriz de Nossa Senhora da Apresentação como fonte material e recurso didático no ensino-aprendizagem da história**. Universidade Federal do Rio Grande do Norte, Centro de Educação Curso de Pedagogia.Trabalho de Conclusão de Curso, modalidade Relatório de Práticas Educativas. Natal, 2017.

HARO, Martim Afonso Palma de (Org.). **Ilha de Santa Catarina: relatos de viajantes estrangeiros nos séc. XVIII e XIX**. Florianópolis: UFSC, 1996.

HUMMES, Cláudio; SALLOWICZ, Márcio. **Catedral da Sé**. São Paulo: Mitra Arquidiocesana de São Paulo - Imprensa Oficial, 2004.

IMPERIAL IRMANDADE DE NOSSA SENHORA DO ROSÁRIO E SÃO BENEDITO DOS HOMENS PRETOS. **A Devoção a Nossa Senhora do Rosário**. Disponível em: *http://irmandadedoshomenspretos.org.br/site/nossa-senhora-do-rosario/*

INSTITUTO MUNICIPAL CURITIBA TURISMO. Disponível em: *http://www.turismo.curitiba.pr.gov.br/noticias/noticia.aspx?codigo=218*

INSTITUTO DO PATRIMÔNIO HISTÓRICO E ARTÍSTICO NACIONAL. **Retábulo da Igreja de Nossa Senhora** da Vitória (São Luís-MA). Disponível em: *http://www.iphan.gov.br/ans.net/ tema_consulta.asp?Linha=tc_belas. gif&Cod=1252*

_____. **João Pessoa - PB**. Disponível em: *http://portal.iphan.gov.br/pagina/detalhes/267*

_____. Série Preservação e Desenvolvimento Monumenta. Aula Patrimônio. **Alfândega e Madre de Deus – Recife, 2007**. Disponível em: *http://portal.iphan.gov.br/uploads/ publicacao/Aula_Patrimonio.pdf*

_____. **São Cristóvão (SE)**. Disponível em: *http://portal.iphan.gov.br/ pagina/detalhes/358/*

JESUS, Katharynne N.; CARVALHO, Isabelle M. **Reflexões sobre a arquitetura sacra e influências estilísticas no Ceará e Piauí**. 4º Seminário Ibero-Americano Arquitetura e Documentação Belo Horizonte, de 25 a 27 de novembro, 2015. Disponível em: *http://www.forumpatrimonio.com.br/ arqdoc2015/artigos/pdf/153.pdf*

JORGE, Clovis de Athayde. **Consolação: uma reportagem histórica**. São Paulo, SP: Divisão do Arquivo Histórico, 1987.

KOBEISSI, Chadia. **Jounieh**. Gazeta de Beirute. Disponível em: *http:// www.gazetadebeirute.com/2013/05/ jounieh.html*

LEITE, Fabiana Calçada De Lamare; RUIZ,Thays Cristina Domareski. **O turismo cultural como desenvolvimento da atividade turística: o caso de Ribeirão da Ilha (Florianópolis/SC)**. VII Fórum Internacional de Turismo do Iguassu, 12 a 14 de junho de 2013, Foz do Iguaçu – Paraná – Brasil. Disponível em: *http:// festivaldeturismodascataratas.com/ wp-content/uploads/2014/01/11.-O- TURISMO-CULTURAL-COMO- DESENVOLVIMENTO-DA-ATIVIDADE- TUR%C3%8DSTIVA-O-CASO-DE- RIBEIR%C3%83O-DA-ILHA.pdf*

LIMA, Carlos A. M.; MOURA, Ana Maria da Silva. **Devoção & Incorporação. Igreja, escravos e índios na América Portuguesa**. Curitiba: Peregrina, 2002.

LIMA JÚNIOR, Félix. **Igrejas e Capelas de Maceió**. Maceió: Academia Alagoana de Letras, 2002.

LIMA, Mônica Cardoso. **Os vitrais da Catedral de Vitória-ES e seus doadores nas décadas de 1930 a 1940**. XXIX Colóquio Comitê Brasileiro de História da Arte (CBHA), 2009. Disponível em: *http://www.cbha.art.br/ pdfs/cbha_2009_lima_monica_art.pdf*

LOCATELLI, Lílian de Oliveira. **O Símbolo na cultura capixaba**. Revista do Colóquio, v. 1, n.2, 2012. Programa de Pós-Graduação em Artes Universidade Federal do Espírito Santo. Disponível em: *http://www.periodicos.ufes.br/colartes/ article/view/7756/5457*

MACCA, Marcelo. **Nossa Senhora Aparecida: Padroeira do Brasil**. São Paulo: Planeta de Livros, 2003.

MARCOY, P. **Viagem pelo rio Amazonas**. Manaus: Governo do Estado do Amazonas. Secretaria de Estado da Cultura, Turismo e Desporto; Universidade do Amazonas, 2001.

MEDEIROS, Bartolomeu Figueirôa. **Nossa Senhora do Carmo do Recife: A brilhante Senhora dos muitos rostos - e sua festa**. Repositório Institucional da UFPE, 1987. Disponível em: *http:// repositorio.ufpe.br/ handle/123456789/17017*

MEGALE, Niha. **112 invocações da Virgem Maria no Brasil**. Petrópolis: Editora Vozes,1986.

MELLO, Magno Moraes. **A pintura de tectos em perspectiva no Portugal de D. João V**. Lisboa: Estampa, 1998.

MENDES, Marcos Amaral. **Devoção e território: a Irmandade de São Benedito em Cuiabá (1722-1897)**. Revista Territórios e Fronteiras V.4 N.1 – Jan/Jul 2011. ICHS/UFMT. Disponível em: *http://www.ppghis.com/*

territorios&fronteiras/index.php/v03n02/article/view/89

MIRANDA CORREA, L. **Manaus: aspectos da sua arquitetura**. Manaus: Secretaria de Estado da Cultura, 2000.

_____. **Manaus: roteiro histórico e sentimental da cidade do rio Negro**. Manaus: Artenova, 1969.

MISSIONÁRIOS CLARENTIANOS BRASIL. Disponível em: *http://claret.org.br/*

MONTEIRO, M. Y. **A Catedral Metropolitana de Manaus (sua longa história)**. Manaus: Sérgio Cardoso e Cia.- Coleção Muiraquitã, 1958.

MONTEZUMA, Roberto. **Arquitetura Brasil 500 anos**. ENANPARQ – Encontro Nacional da Associação Nacional de Pesquisa e Pós-graduação em Arquitetura e Urbanismo Arquitetura, Cidade, Paisagem e Território: percursos e prospectivas, Rio de Janeiro, 29 de novembro a 3 de dezembro de 2010. Disponível em: *http://www.anparq.org.br/dvd-enanparq/simposios/103/103-253-1-SP.pdf*

MOREIRA, Amanda Cavalcante. **Teresina e as moradias da região central da cidade (1852-1952)**. Instituto de Arquitetura e Urbanismo da Universidade de São Paulo, 2016. Disponível em: *http://www.teses.usp.br/teses/disponiveis/102/102132/tde-23012017-110626/en.php*

MOVIMENTO APOSTÓLICO DE SCHOENSTATT. Disponível em: *http://www.schoenstatt.org.br/*

MOVIMENTO INTERNACIONAL DE SCHOENSTATT. Disponível em: *http://schoenstatt-info.com/wallfahrt-schoenstatt/portugiesisch/default.htm*

NOLASCO, Simone Ribeiro. **Patrimônio Cultural Religioso: A herança Portuguesa nas devoções da Cuiabá Colonial**. Cuiabá: Entrelinhas / EdUFMT, 2010.

NÓR, Soraya. **Paisagem e lugar como referências culturais Ribeirão da Ilha – Florianópolis**. Universidade Federal de Santa Catarina- Centro de Filosofia e Ciências Humanas - Programa de Pós-Graduação em Geografia, 2010. Disponível em: *https://repositorio.ufsc.br/bitstream/handle/123456789/93552/288278.pdf?sequence=1&isAllowed=y*

OLIVEIRA, Myriam Andrade Ribeiro; JUSTINIANO, Fátima. **Barroco e Rococó nas igrejas do Rio de Janeiro**. Roteiros do Patrimônio v. 1. Brasília, DF: Iphan/Programa Monumenta, 2008. Disponível em: *http://portal.iphan.gov.br/uploads/publicacao/ColRotPat2_BarrocoRococoIgrejasRiodeJaneiro_Vol1_m.pdf*

_____. **Barroco e Rococó nas Igrejas do Rio de Janeiro**. Roteiros do Patrimônio v. 2. Brasília, DF: Iphan/Programa Monumenta, 2008. Disponível em: *http://portal.iphan.gov.br/uploads/publicacao/ColRotPat2_BarrocoRococoIgrejasRiodeJaneiro_Vol2_m.pdf*

_____. **Barroco e Rococó nas igrejas do Rio de Janeiro**. Roteiros do Patrimônio v. 3. Brasília, DF: Iphan/Programa Monumenta, 2008. Disponível em: *http://portal.iphan.gov.br/uploads/publicacao/ColRotPat2_BarrocoRococoIgrejasRiodeJaneiro_Vol3_m.pdf*

ORAZEM, Roberta Bacellar. **A representação de Santa Teresa D'Ávila como símbolo de devoção e poder das Ordens Terceiras do Carmo no Brasil**. Congresso Internacional Pequena Nobreza nos Impérios Ibéricos de Antigo Regime – Lisboa, 18 a 21 de Maio de 2011. Disponível em: *http://www.iict.pt/pequenanobreza/arquivo/doc/t7s1-01.pdf*

ORDEM DA SANTÍSSIMA TRINDADE. Disponível em: *http://www.trinitarios.com.br/2011/03/sao-joao-de-matha-fundador-da-ordem-da.html*

ORDEM DAS MERCÊS. Disponível em. *http://mercedarios.com.br/sao-pedro-nolasco*

ORDEM TERCEIRA DO CARMO DE JOÃO PESSOA. Disponível em: *http://ordemterceiradocarmojp.blogspot.com.br/p/quem-somos.html*

PARÓQUIA NOSSA SENHORA DO AMPARO. **Teresina (PI)**. Disponível em: http://paroquiadoamparo.webnode.com.br/historia/

PARÓQUIA NOSSA SENHORA DO BRASIL. **São Paulo (SP)**. Disponível em: *http://www.nossasenhoradobrasil.com.br/padroeira*

PARÓQUIA NOSSA SENHORA DO CARMO. **Belo Horizonte (MG)**. Disponível em: *http://igrejadocarmo.com.br/*

PATRIMÔNIO CULTURAL NO PAÍS DA COPA. Disponível em: *http://www.arqueologia-iab.com.br/publications/download/30*

PAULA, Thiago do Nascimento Torres. **A construção da Paróquia: Espaço e participação na capitania do Rio Grande do Norte**. Rev. Espacialidades [online]. 2010, vol. 3, n. 2. Disponível em: *http://cchla.ufrn.br/espacialidades/v3n2/thiago.pdf*

PEREIRA, Maria Cristina C.L. **Identidades Cambiantes: Transformações Iconográficas na Imaginária Sacra**. Universidade Federal do Espírito Santo. Atas do IV Congresso Internacional do Barroco Íbero-Americano, 2006. Disponível em: *http://www.usp.br/lathimm/images/Identidades%20Cambiantes.pdf*

PEREIRA, Nereu do Vale. **Ribeirão da Ilha: Vida e Retratos**. Florianópolis: Fundação Franklin Cascaes, 1991.

PORTAL DE ARQUITETURA ALAGOANA. **Estudos sobre Patrimônio Histórico, Técnico e Artístico**. RELU Representações do Lugar - Grupo de Pesquisa. Faculdade de Arquitetura e Urbanismo da UFAL. Disponível em: *http://arquiteturaalagoana.al.org.br/*

PORTAL DE TURISMO DE BELO HORIZONTE (MG). **Basílica Nossa Senhora de Lourdes**. Disponível em: *http://www.belohorizonte.mg.gov.br/local/atrativo-turistico/artistico-cultural/arquitetura/basilica-nossa-senhora-de-lourdes*

PORTAL DE TURISMO DE JOAO PESSOA. **Basílica Nossa Senhora das Neves**. Disponível em: *https://turismo.joaopessoa.pb.gov.br/o-que-fazer/pontos-turisticos/igrejas/basilica-nossa-senhora-das-neves/*

PRECIOSO, Daniel. **Terceiros de cor: pardos e crioulos em ordens terceiras e arquiconfrarias (Minas Gerais – 1760-1808)**. Tese de Doutorado. Programa de Pós-Graduação em História do Instituto de Ciências Humanas e Filosofia da Universidade Federal Fluminense. Niterói, 2014. Disponível em: *http://www.historia.uff.br/stricto/td/1639.pdf*

PREFEITURA DE VITÓRIA (ES). **Vitrais são o maior destaque da Catedral Metropolitana de Vitória**. Disponível em: *http://www.vitoria.es.gov.br/cidade/vitrais-sao-o-maior-destaque-da-catedral-metropolitana-de-vitoria*

PROGRAMA LUGARES DA MEMÓRIA. **Igreja Nossa Senhora da Consolação. Memorial da Resistência de São Paulo**. São Paulo, 2015. Disponível em: *http://www.memorialdaresistenciasp.org.br/memorial/upload/memorial/bancodedados/130825598344309245_FICHA_COMPLETA_IGREJA_CONSOLACAO.pdf*

RAMALHO, Paulina Onofre. **Lugar de Memória: o plano urbanístico de Boa Vista/Roraima**. Instituto do Patrimônio Histórico e Artístico Nacional. Rio de Janeiro, 2012. Disponível em: *http://portal.iphan.gov.br/uploads/ckfinder/arquivos/Disserta%2B%C2%BA%2B%C3%BAo%20Paulina%20Onofre%20Ramalho.pdf*

RAMOS, Maria B. Cunha. **Igreja das Dores: importância histórico-cultural para a cidade de Porto Alegre**. Porto Alegre: Pallotti, 1989.

RASCKE, Karla Leandro. **"Divertem-se então à sua maneira": festas e morte na Irmandade de Nossa Senhora do Rosário e São Benedito, Florianópolis (1888 a 1940)**. Pontifícia Universidade Católica de São Paulo – PUC-SP. Disponível em: *http://portal.iphan.gov.br/ uploads/ckfinder/arquivos/Divertem-se% 20ent%C3%A3o%20%C3%A0%20sua%20 maneira.pdf*

REZENDE FILHO, João Dias. **A Igreja da Sé de São Luís do Maranhão**. Disponível em Blog do Padre João Dias Rezende Filho: *http://joaopecegueirodias. blogspot.com/2011/05/normal-0-21-false-false-false-pt-br-x.html*

ROMANCINI, Sônia Regina. **Paisagens da fé: perspectivas para o turismo cultural em Cuiabá-MT**. Revista Eletrônica: Atelier Geográfico, UFG – IESA. Goiânia-GO v. 2, n. 2 agos/2008 p.55-71. Disponível em: *http://portal. iphan.gov.br/pagina/detalhes/1475*

SANTOS, José Nascimento. **Museu do ex-voto de São Cristóvão: análise da exposição de longa duração**. Monografia (Licenciatura em História). DHI, CECH, UFS. São Cristóvão, 2004.

SANTOS, Marcos Eduardo Melo. **A Catedral Metropolitana de São Paulo por Maximilian Emil Hehl (1891-1916): História, Arte e Ecletismo na arquitetura sacra paulistana**. Revista Eletrônica Espaço Teológico. Faculdade de Teologia da PUC-SP. ISSN 2177-952X. Vol. 8, n. 13, jan/jun, 2014, p. 4-15. Disponível em: *https:// revistas.pucsp.br/index.php/reveleteo/ article/viewFile/19718/14600*

SANTOS, Marcos Eduardo Melo; SILVA, Susana Aparecida. **Igreja Nossa Senhora da Consolação por Maximilian Emil Hehl (1891-1916): Ecletismo na arquitetura sacra paulistana com predominância do neorromânico**. Reveleteo-Revista Eletrônica Espaço Teológico ISSN 2177-952X. Vol. 9, n. 16, jul/dez, 2015, p. 151-159. Disponível em: *https://revistas. pucsp.br/index.php/reveleteo/article/ download/26086/18725*

SANTOS, Paulo Roberto Silva. **Igreja, Arte e Representação em Salvador no século XVIII**. Dissertação apresentada como requisito parcial à obtenção do grau de Mestre. Curso de Pós-graduação em História, Setor de Ciências Humanas, Universidade Federal do Paraná. Curitiba, 2001. Disponível em: *http://www.acervodigital. ufpr.br/bitstream/ handle/1884/27109/D%20-%20 SANTOS%2c%20PAULO%20 ROBERTO%20SILVA. pdf?sequence=1&isAllowed=y*

SANTUÁRIO IRMÃ DULCE. Disponível em: *https://www.irmadulce.org.br/ portugues/religioso/santuario*

SANTUÁRIO DE FÁTIMA MANAUS (AM). Disponível em: *http:// santuariodefatimamanaus.com.br/index. php/o-santuario/*

SANTUÁRIO NACIONAL DE NOSSA SENHORA APARECIDA. Disponível em: *http://www.a12.com/ santuario-nacional*

SANTUÁRIO NOSSA SENHORA DA PIEDADE PADROEIRA DE MINAS. Disponível em: *http://www. santuariosdapiedade.org.br/principais-espacos.php*

SANTUÁRIO DE SCHOENSTATT ATIBAIA (SP). Disponível em: *http://www.santuariodeatibaia.org.br/*

SCIREA, Douglas Figueira; VIDAL, Luccas Abraão de Paiva; MARTINEZ, Maurício Fernandez. **A Irmandade do Rosário em Curitiba – A obliteração dos negros na história da cidade**. Cadernos de Clio, Curitiba, v. 7, nº. 2, 2016. Pesquisa coletiva PET História UFPR. Disponível em: *http:// revistas.ufpr.br/clio/article/ view/50303/31929*

SILVA, Jaime José Santos. **Danças, tambores e festejos: Aspectos da cultura popular negra em Florianópolis do final do século XIX ao século XX**. Revista Santa Catarina em História - Florianópolis - UFSC – Brasil, vol.1, n.1, 2007. Disponível em: *http://seer.cfh.ufsc.br/index.php/sceh/article/view/38/44*

SILVA, Leonardo Dantas. **Pernambuco preservado: Histórico dos bens tombados no Estado de Pernambuco**. Recife: Fundação de Cultura Cidade do Recife, 2002.

SOUZA, Francisca Márcia Costa. **Caminhantes-Devotos: A celebração em louvor a Nossa Senhora das Dores e outras sociabilidades [Teresina-PI, entre 1930 aos anos 2000]**. Contraponto: Revista do Departamento de História e do Programa de Pós-Graduação em História do Brasil da UFPI. Teresina, v. 3, n. 1, agosto de 2014. Disponível em: *http://ojs.ufpi.br/index.php/contraponto/article/view/4317/2561*

TIRAPELLI, Percival. **Igrejas Barrocas do Brasil**. São Paulo: Metalivros, 2008

VAIL, Anne. A história do Rosário. São Paulo: Loyola, 1998.

VAINSENCHER, Semira Adler. **Igreja de Nossa Senhora da Conceição dos Militares, Recife, PE**. Pesquisa Escolar Online, Fundação Joaquim Nabuco, Recife. Disponível em: *http://basilio.fundaj.gov.br/pesquisaescolar/index.php?option=com_content&view=article&id=663&Itemid=1*

_____. **Igreja de Nossa Senhora do Amparo, Olinda, PE**. Pesquisa Escolar Online, Fundação Joaquim Nabuco, Recife. Disponível em: *http://basilio.fundaj.gov.br/pesquisaescolar/index.php?option=com_content&view=article&id=662%3Aigreja-de-nossa-senhora-do-amparo-olinda-pe&catid=44%3Aletra-i&Itemid=1*

VATICANO. **Madonnina - Roberto Ferruzzi**. Disponível em: *https://www.vaticanum.com/it/Madonnina-Roberto-Ferruzzi-STAMPA-cm35x50*

VESCOVI, Alessandro. **À luz dos vitrais, a história da Arquidiocese de Vitória, Espírito Santo, no período entre 1979 e 1984, a partir da trajetória política de Dom João Batista da Mota e Albuquerque Vitória**. Dissertação do Programa de Pós-Graduação em História Social das Relações Políticas (PPGHIS) da Universidade Federal do Espírito Santo, 2007. Disponível em: *http://www.dominiopublico.gov.br/pesquisa/DetalheObraForm.do?select_action=&co_obra=88247*

AGRADECIMENTOS

Aos meus pais, Alaése e Décio
Ao meu filho Daniel e meu marido Arnaldo Sarasá. Sempre.
Lizandra Almeida, diretora editorial da Polén Livros, por acreditar nesse projeto e a transformá-lo em realidade
Maria Marta Teixeira, pelo lindo projeto gráfico
Marcia Lea Wajchenberg, pela paciência e respeito ao ultrapassar as fronteiras religiosas e criar com beleza e afeto essas páginas
Luiz Vogel, fotógrafo e amigo de longa data. Você foi um anjo ao me presentear com as fotos de todas as igrejas de Belém
Mariana e Gustavo Curcio, casal querido que ajudou com indicação de fontes e contatos
Ana Claudia Crispim e Mate Gedeon, que ouviram e acolheram minhas ideias, vibrando junto a cada conquista!
Ao fotógrado e jornalista Fernando Esselin, pelas imagens das igrejas da capital paulista
Aos tratadores de imagens Edval Vilas Boas e Leandro Marcinari
Cláudia Assis, de Macapá, colega de Mestrado e amiga disposta a ajudar na busca por informações no Amapá
Padre Aldenor Benjamim dos Santos, de Macapá, pela paciência, atenção e material
Aline Orcesi, que mora em Sinop, mas tem ótimos contatos em Rondônia. Uma querida companheira de trilhas
Frei Valdir Schneider, do Santuário Nossa Senhora Aparecida, em Porto Velho, pela gentileza e informações precisas
Elias Hachem Kerbage, da Paróquia Nossa Senhora do Líbano, em Fortaleza, pela ajuda com os dados sobre a igreja e as práticas do cristianismo ortodoxo
Carlos Calsavara, artista plástico de São João del Rey, por gentilmente ceder as imagens de suas esculturas de Nossas Senhoras
Ao amigo Orlando Berti por me apresentar Tarcísio Oliveira, de Teresina. Grata pela gentileza e carinho ao ajudar com imagens, informações e contatos
Flávio Guedes, pedagogo e sacristão da Antiga Catedral de Natal, por compartilhar sua monografia *A Matriz de Nossa Senhora da Apresentação como fonte material e recurso didático no ensino-aprendizagem da história*, pela Universidade Federal do Rio Grande do Norte. Abraço fraterno!
Tania Marques, de Palmas, pela atenção com a qual cedeu seu tempo para compartilhar informações sobre o Santuário Nossa Senhora de Fátima
Rafael Gushiken, idealizador e editor da plataforma SP da Garoa, pelas fotos da Catedral da Sé, em São Paulo
Às assessorias das Arquidioceses e diversas paróquias, que contribuíram com material, imagens e valorosas sugestões.
Alfredo Gimenes, da Secretaria de Estado da Cultura, Diretor de Turismo Religioso da CNBB e mentor da mostra 300 Anos de Devoção Popular no Museu de Arte Sacra de São Paulo.
José Carlos Marçal de Barros, Diretor Executivo do Museu de Arte Sacra de São Paulo.

A Polén Livros agradece o apoio das seguintes instituições, que foram fundamentais para a viabilização deste livro:

Copyright © 2017 by Alexandra Gonsalez
Todos os direitos reservados para Pólen Produção Editorial Ltda.

Grafia atualizada segundo o Acordo Ortográfico da Língua Portuguesa de 1990, que entrou em vigor no Brasil em 2009.

PROJETO GRÁFICO
Maria Maria Teixeira

DIAGRAMAÇÃO E PESQUISA
DE IMAGENS
Marcia Lea Wajchenberg

REVISÃO
Virgínia Vicari e Luana Balthazar

FOTOS DA CAPA
HVL/Creative Commons

Vitrais: Arnaldo Sarasá/Tratamento de imagem da capa: Edval Vilas Boas

FOTOS DA CONTRACAPA
Basílica: Thiagon Leon/Santuário Nacional N. Srª de Nazaré: Neto Lucena/Nossa Srª do Rosário dos Pretos: Tatiana Azeviche

FOTO DA AUTORA
Maristela Caretta

Dados Internacionais de Catalogação na Publicação (CIP)
Angélica Ilacqua CRB-8/7057

Gonsalez, Alexandra
 Nossas Senhoras do Brasil : as principais igrejas e representações de Maria / Alexandra Gonsalez. -- São Paulo: Pólen, 2017.
 192 p. : il. color

Em comemoração aos 300 anos de Nossa Senhora Aparecida
Bibliografia
ISBN 978-85-98349-51-0

1. Turismo – Aspectos religiosos 2. Maria, Virgem, Santa – Igrejas – Brasil – Guias I. Turismo

17-1318   CDD 306.4819

Índices para catálogo sistemático:
1. Turismo religioso – Guia de igrejas

Pólen
livros

www.polenlivros.com.br
(11) 3675-6077

A autora
Alexandra Gonsalez é jornalista e escritora. Passou pelas pelas redações das principais revistas e guias de turismo do Brasil. Integra o grupo interdisciplinar de pesquisa Mídia, Religião e Cultura (MIRE) que busca compreender a presença da religião nos processos comunicacionais midiáticos na interrelação com as práticas culturais contemporâneas no Brasil. Ligado ao Programa de Pós Graduação em Comunicação Social da Universidade Metodista de São Paulo.

A todos, dedico a oração de Maria e as bênçãos Dela

Ave Maria, cheia de graça, o Senhor é convosco, bendita sois vós entre as mulheres e bendito é o fruto do vosso ventre, Jesus. Santa Maria, Mãe de Deus, rogai por nós pecadores, agora e na hora da nossa morte. Amém